高校转型发展系列教材

英国税制与纳税实务

孙　宇　主编

清华大学出版社

北　京

内 容 简 介

本书在概述英国税法的基础上，着重介绍个人所得税、资本利得税、遗产税、公司税、增值税等税种在英国的执行情况，并详尽阐述了各税种的计征基础、缴纳方法，纳税人的责任与会计师的义务，以及税收的创新形式等。

本书结合会计国际化知识体系与实务能力培养目标，在结构安排上突出案例，将知识点与案例相结合，充分反映英国税收领域的发展、变革和税法实务的开拓性成果。

本书可作为高等院校会计学、经济学、管理学专业本科或专科学生的专业课教材，也可作为会计学专业学生的参考书，亦适用于会计实务人员阅读。

图书在版编目(CIP)数据

英国税制与纳税实务 / 孙宇主编. —北京：清华大学出版社，2022.1
高校转型发展系列教材
ISBN 978-7-302-59506-9

Ⅰ. ①英… Ⅱ. ①孙… Ⅲ. ①税收制度—研究—英国—高等学校—教材 ②税收管理—研究—英国—高等学校—教材 Ⅳ. ①F815.613.2

中国版本图书馆 CIP 数据核字(2021)第 230495 号

责任编辑：施　猛
封面设计：常雪影
版式设计：孔祥峰
责任校对：马遥遥
责任印制：刘海龙

出版发行：清华大学出版社
　　　　网　　　　址：http://www.tup.com.cn，http://www.wqbook.com
　　　　地　　　　址：北京清华大学学研大厦 A 座　　　　邮　　编：100084
　　　　社 总 机：010-62770175　　　　邮　　购：010-62786544
　　　　投稿与读者服务：010-62776969，c-service@tup.tsinghua.edu.cn
　　　　质 量 反 馈：010-62772015，zhiliang@tup.tsinghua.edu.cn
印 装 者：保定市中画美凯印刷有限公司
经　　销：全国新华书店
开　　本：185mm×260mm　　　印　　张：8.75　　　字　　数：187 千字
版　　次：2022 年 1 月第 1 版　　　印　　次：2022 年 1 月第 1 次印刷
定　　价：58.00 元

产品编号：074470-01

在市场经济体制下，生产经营者和广大公民应依法向国家或政府缴纳税款。国家政府依靠社会公共权力，根据法律法规，对纳税人征税，以满足社会公共需求。

英国作为第一个进行工业化并实现现代化的国家，税制在其现代化进程中起着十分重要的作用。研究英国税制，是深入认识英国现代化进程中税制与国家经济、政治之间关系的重要环节，也能为我国完善税务制度、实现经济更好更快增长提供重要借鉴。

作为一部以英国税制理论与税收实务为主要内容的教材，本书在编写时立足于英国社会、经济背景，力求简明扼要地反映英国税收理论、政策、制度和管理的全貌，以体现其实用性、专业性、先进性，强化读者对税收理论的理解，使教材满足教学和自学的需要。

本书在编写过程中，虽然历经多次讨论修改，但囿于编者水平，难免出现错误和疏漏，敬请读者予以指正。反馈邮箱：wkservice@vip.163.com

编　者
2021年2月

第1章 英国税收系统概述

英国属于高收入国家，2019年英国国内生产总值(GDP)为2.83万亿美元，人均GDP接近43 000美元。在高收入国家中，英国属于中等税赋水平的国家。

£1.1 英国税制概况

英国是实行中央集权制的国家，税收收入和权限高度集中于中央政府。英国税收分为国税和地方税。国税由中央政府掌握，占全国税收收入的90%左右，是中央财政收入的主要来源。地方税由地方政府负责，占全国税收收入的10%左右，是地方财政收入的重要来源，但不是主要来源。构成地方财政主要来源的是中央对地方的财政补助。

与税收收入划分相适应，英国的税收权限也高度集中于中央政府。全国的税收立法权由中央政府掌握，地方只对属于本级政府的地方税享有征收权及适当的税率调整权和减免权等，但这些权限也受到中央政府的限制。

£1.2 英国税制改革

1973年，英国加入欧洲经济共同体后，政府在税收制度方面进行了重大改革，主要内容包括以下几方面。

(1) 完善所得税制。将两种独立的所得税——基本所得税和附加所得税合并，实行统一所得税，并统一使用累进税率。20世纪80年代以来，英国首相撒切尔夫人采用货币学派理论进行税制改革，其主要措施是降低所得税税率，同时提高起征点。具体措施为：将1977年到1978年的10档税率降低为1980年到1985年的6档税率，最高税率也相应地从83%降为60%，起征点则由1978年的6000英镑提高到1985年的15 400英镑。1983—1987年，税制改革的主要内容是降低法人税税率，同时扩大税基。1988年后，税制改革进入了新的阶段。改革的主要内容是规范所得税税率，改变所得税的扣除方法，简并资产转移税级次，扩大免征额。

(2) 引进增值税，取代购买税，改革流转税制度。1973年，英国引进增值税，促进了英国税制的完善和经济的发展。后来，英国扩大了增值税范围，大幅度调整了增值税税率，使增值税的比重不断增加。

(3) 降低关税税率。英国的税制改革，主要围绕所得税、法人税、增值税三个税种进行。英国对第二次世界大战后税制进行根本性变革，其中心目的是实现经济增长。1990年，英国受国际经济衰退的影响，经济增长率只有1.4%，所以，梅杰政府开始了新的税制改革，主要内容是降低所得税，提高消费税。梅杰政府决定继续降低公司税税率。1991年，公司税税率从35%降到34%；1992年，公司税税率再降到33%。为弥补收入损失，梅杰政府提高了消费税的征收比率。总之，英国的税制是以所得税为主体的复税制。

£1.3 英国主要税种

英国现行的主要税种有个人所得税、公司税、增值税、国民保险税、石油收入税、遗产和赠与税等。本书将着重介绍个人所得税、公司税、资本利得税、遗产税及增值税五大税种。

£1.4 英国税收的作用

1. 调整经济活动

英国政府使用税收政策来鼓励或限制某些类型的经济活动，部分调控如表1-1所示。

表1-1　英国政府通过税收鼓励或限制的经济活动

通过减免税收鼓励的经济活动	通过提高税收限制的经济活动
通过提供税收优惠，鼓励个人储蓄	通过提高税收，限制烟草、酒类消费
鼓励通过礼品资助计划向慈善机构捐款	通过提高对大排量汽车的税收，限制购买该类汽车
通过减免资本利得税，鼓励创业	
通过资本补贴，鼓励投资工业建筑和机械设备	

2. 实现社会公平

税收有利于实现社会公平。例如，以收入和利润、收益或财富(遗产税)为基础的直接税只对那些拥有这些资源的人征税。这在一定程度上，能够保证低收入群体的基本生活需要，促进社会公平。欧洲国家公民的储蓄意识和消费观念不同于亚洲国家公民，为进一步提升公民抵御经济风险的能力，政府通过向消费者征缴间接税(增值税)来抑制超前消费，鼓励公民储蓄。同时，所得税等累进税的征收对象是那些有能力支付的人。累进税指的是随着收入增长，税率增加。通过税率累进的计征办法，能够促进社会向橄榄型社会结构发展，促进社会公平和稳定。

3. 促进环境保护

英国政府通过税收政策加强环境保护。为了应对全球气候变暖，英国实行汽车税率由汽车二氧化碳排放量决定的政策。对吉普类等大排量汽车征缴的税率要远远高于小排量汽车的税率，以此限制公民对大排量汽车的消费，从而降低二氧化碳的排放量，减少能源消耗和环境污染。对生活、生产中产生的垃圾，英国政府规定征收垃圾填埋税，以此提倡环保和降低能源消耗。

£1.5 英国税收体系

英国税务由英国税务及海关总署(Her Majesty's Revenue and Customs，HMRC)根据议会赋予的法定权力管理。英国税务及海关总署的官员负责督查公民的纳税申报单，并就纳税义务达成共识。英国税务及海关总署在英格兰和威尔士提供法律咨询，并提起和进行刑事诉讼。其中，一般委员由大法官任命，负责听取对英国税务及海关总署决议的上诉。特别委员也由大法官任命，负责听取更为复杂的上诉。

英国实行中央与地方(郡、区)分税制。中央征收的税种主要有个人所得税、公司税、社会保险税、增值税、关税等大部分税种，而且只对财产征税。税收立法权在议会，由财政部负责起草税法草案。每年一次提出税收政策具体措施，经议会批准，列入当年财政法案，作为当年征税的法律依据。

£1.6 英国税收法律的渊源

英国税收法律的渊源有很多，主要分为以下几方面。

1. 税收立法

立法是指国家权力机关按照规定程序制定或修改法律。英国通常每年更新一项财政年度法案，该法案是根据财政大臣在年度预算报表中提出的建议制定的。法定文书是在需要详细说明某一税收立法领域的情况下发布的。

2. 判例法

判例法泛指可作为先例据以决案的法院判决。适用判例法的案件往往对现行税务立法提出疑问，或主张适用对税法的某种解释。依据判例法作出的裁决具有约束力，因此为解释税收立法提供了指导。

3. 英国税务及海关总署指导

由于公民对税务立法的理解容易产生偏差和误解，英国税务及海关总署发布了进一步指导意见，目的是解释如何执行法律以及对法律内容作出解释。

4. 业务说明

业务说明是指英国税务及海关总署对税法的解释，对如何应用规则提供说明或细节。

5. 额外的法定特许权

额外的法定特许权允许在某些情况下放宽严格的法律条款。如果出现不应有的执行困难或者异常情况，通常会给予特许权。

6. 英国税务及海关总署内部手册

英国税务及海关总署为其工作人员编写的内部手册为解释法律提供了指导。该内部手册也向公众开放。

7. 摘要

摘要提供当年的税务问题的细节说明。

8. 英国税务及海关总署的网站、传单和小册子

网站、传单、小册子以非技术性语言向公众提供对各种税务问题的解释。

第2章 基本所得税

£2.1 相关税制

基本所得税包括个人所得税、公司税、社会保险税、增值税、关税及货物税等。

2.1.1 个人所得税简介

英国个人所得税的应税所得分为6类，具体包括：①经营土地、建筑物等不动产所取得的租赁费、租赁佣金及类似所得；②森林土地所得；③英国境内支付的英国与外国公债利息所得；④工薪所得；⑤英国公司支付的股息红利所得；⑥经营所得、专业所得、财产所得，未经源泉扣缴的利息、养老金、特许权使用费所得，外国有价证券利息以及其他类型所得。

2.1.2 公司税简介

在英国，公司税的开征比个人所得税晚，1947年才开征。1970年颁发的《所得与公司税法》和1979年颁发的《资本收益税法》是主要的英国公司税税收法规。公司包括按公司法及其他法令注册的实体，也包括商业、创新与技能部批准的除单位信托公司及合伙企业以外的非公司组织。合伙企业成员从合伙企业取得的利润份额也应作为相应会计期应税利润总额的一部分缴纳公司税。董事会议所在地是确定英国公司的基本标准，英国公司依据其在全世界范围内的所得纳税。

公司税的应税所得范围与个人所得税的应税所得相似。应税所得额是将公司在每一个会计期的应税利润总额(包括按不同类目计算的该期所得)加上资本收益，扣除允许减除的损失、费用和投资等计算得出。国外来源所得不论是否汇回英国，均应包括在总利润中，但国外子公司的所得需待利润实际分配以后，才能归属英国母公司。对求得的总利润净额,采用比例税率计征单一的公司税。每年公布税率,税率略有浮动。

对英国公司的国外源泉所得,无论是依据双重征税条约,还是通过单方面减免,均免于双重征税。对非英国公司通过分公司或代理商在英国进行营业取得的利润,应征公司税。来源于英国的其他所得,除受双重征税条约保护外,按基本税率纳税。

公司税还规定了加速折旧。此外,当纳税人将某些营业资产的销售收入再投资于另一资产时,公司税规定对其资本利得延迟征税。该项措施有助于实现政府鼓励资本投资和促进地区经济平衡发展的目标。

2.1.3 社会保险税简介

英国征收社会保险税的目的在于为医疗保障、退休保障、失业保障提供基金。社会保险税的纳税人为雇主与雇员双方。对于雇员,对低于规定下限及超过规定上限的收入均不征税;对于上、下限范围内的收入,采用分级超额累进税率征收。对于雇主,则按其支付给雇员的工资总额计征,只设下限,不设上限,也采用分级超额累进税率。

2.1.4 增值税简介

英国增值税于1973年4月1日开始实行。1983年颁发的《增值税法》及由关税与货物税专员发布的法令是增值税的法律基础。

增值税对在英国进行的经营活动或辅助其经营活动的全部货物及劳务征收,并对进口货物及特定的进入英国的劳务(不包括应免税的和非应税的货物、劳务)征收。

2.1.5 关税及货物税简介

关税只对由欧盟以外国家进口的货物征收。在英国脱欧之后,英国将对欧盟商品征收关税。货物税对特定类目(以石油、酒精、饮料、烟草为主)的国产或进口货物征收。各类货物的税率不同,税率范围为0～17%。

ⓔ 2.2 案例分析

例2-1 个人免税额

在2016—2017年度,辛迪的就业收入为96 000英镑,银行利息为8000英镑,股息为7500英镑。

计算辛迪2016—2017年度应纳税所得额。

❖ 例2-1答案

	非储蓄收入	储蓄收入	股息收入	总额
	£	£	£	£
就业收入	96 000			
银行利息		8000		
股息			7500	
净收入	96 000	8000	7500	111 500
减：个人免税额	(5250)			
应税收入	90 750	8000	7500	106 250
计算个人免税额				
净收入	111 500			
减：收入限额	(100 000)			
超额	11 500			
个人免税额	11 000			
减：超额的一半(11 500/2)	(5750)			
调整后的个人减免	5250			

📓 例2-2 非储蓄收入(其他收入)的税率

在2016—2017纳税年度，阿尔杰的就业收入为150 000英镑，房地产商业收入为10 900英镑。

计算2016—2017年度阿尔杰的纳税额。

❖ 例2-2答案

	非储蓄收入£
就业收入	150 000
房地产商业收入	10 900
净收入/应税收入 (由于净收入超过 122 000英镑，没有个人免税额)	160 900
所得税计算	
非储蓄收入	£
32 000×20%	6400
(150 000-32 000)×40%	47 200
(160 900-150 000)×45%	4905
纳税额	58 505

📓 **例2-3 储蓄收入起征点和储蓄无利率区间**

在2016—2017纳税年度，爱丽丝的交易收入为13 700英镑，银行利息为8000英镑。计算爱丽丝在2016—2017年度的纳税额。

❖ **例2-3答案**

	非储蓄收入	储蓄收入	总额
	£	£	£
交易收入	13 700		
银行利息		8000	
净收入	13 700	8000	21 700
减：个人免税额	(11 000)		
应税收入	2700	8000	10 700
所得税			£
非储蓄收入			
2700×20%			540
储蓄收入			
(5000-2700)×0%			0
1000×0%(储蓄零利率幅度)			0
(8000-2300-1000)×20%			940
纳税额			1480

📓 **例2-4 储蓄零利率，储蓄收入的基本利率和更高的存款利率**

在2016—2017纳税年度，杰克有就业收入40 000英镑，银行利息5200英镑。计算杰克在2016—2017年度的纳税额。

❖ **例2-4答案**

	非储蓄收入	储蓄收入	总额
	£	£	£
就业收入	40 000		
银行利息		5200	
净收入	40 000	5200	45 200
减：个人免税额	(11 000)		
应税收入	29 000	5200	34 200
所得税			£
非储蓄收入			
29 000×20%			5800
储蓄收入			
500×0%(储蓄零利率幅度)			0
(32 000-29 000-500)×20%			500
(5200-500-2500)×40%			880
纳税额			7180

例2-5 储蓄收入税率

在2016—2017纳税年度,罗斯有交易收入147 000英镑,建房贷款委员会利息6700英镑。

计算罗斯在2016—2017年度的纳税额。

❖ **例2-5答案**

	非储蓄收入	储蓄收入	总额
	£	£	£
交易收入	147 000		
建房贷款委员会利息		6700	
净收入/应税收入	147 000	6700	153 700

(罗斯没有个人免税额,因为她的净收入超过122 000英镑)

所得税			£
非储蓄收入			
32 000×20%			6400
(147 000−32000)×40%			46 000
储蓄收入			
(150 000−147 000)×40%			1200
(6700−3000)×45%			1665
纳税额			55 265

例2-6 股息零利率、股息收入的基本利率和更高利率

在2016—2017纳税年度,哈利有就业收入33 450英镑,建房贷款委员会利息1500英镑和股息15 000英镑。

计算哈利在2016—2017年度的纳税额。

❖ **例2-6答案**

	非储蓄收入	储蓄收入	股息收入	总额
	£	£	£	£
就业收入	33 450			
建房贷款委员会利息		1500		
股息			15 000	
净收入	33 450	1500	15 000	49 950
减:个人免税额	(11 000)			
应税收入	22 450	1500	15 000	38 950
所得税				£

非储蓄收入	
22 450×20%	4490
储蓄收入	
500×0%	0
(1500−500)×20%	200
股息收入	
5000×0%	0
(32 000−22 450−1500−5000)×7.5%	229
(15 000−5000−3050)×32.5%	<u>2259</u>
纳税额	<u>7178</u>

📓 例2-7　股息收入的所有税率

在2016—2017纳税年度，赫敏娜有就业收入148 000英镑，银行利息6250英镑和股息25 000英镑。

计算赫敏娜在2016—2017年度的纳税额。

❖ 例2-7答案

	非储蓄收入	储蓄收入	股息收入	总额
	£	£	£	£
就业收入	148 000			
银行利息		6250		
股息			25 000	
净收入/应税收入	<u>148 000</u>	<u>6250</u>	<u>25 000</u>	179 250
所得税：				
非储蓄收入部分				
32 000×20%				6400
(148 000−32 000)×40%				46 400
储蓄收入部分				
(150 000−148 000)×40%				800
(6250−2000)×45%				1913
5000×0%				0
(25 000−5000)×38.1%				<u>7620</u>
纳税额				<u>63 133</u>

例2-8 计算应付所得税

在2016—2017纳税年度，罗恩的就业收入为56 300英镑(预付扣除了6000英镑)，银行利息为4250英镑，红利为7500英镑。他支付可扣除的利息为3000英镑。

罗恩在2016—2017年度要缴纳多少所得税？

❖ 例2-8答案

	非储蓄收入	储蓄收入	股息收入	总额
	£	£	£	£
就业收入	56 300			
银行利息		4250		
股息			7500	
总收入	56 300	4250	7500	68 050
减：已付利息	(3000)			
净收入	53 300	4250	7500	65 050
减：个人免税额	(11 000)			
应税收入	42 300	4250	7500	54 050

所得税	£
非储蓄收入	
32 000×20%	6400
(42 300-32 000)×40%	4120
储蓄收入	
500×0%	0
(4250-500)×40%	1500
股息收入	
5000×0%	0
(7500-5000)×32.5%	813
纳税义务	12 833
减：预付	(6000)
应付税额	6833

例2-9 捐赠

在2016—2017纳税年度，玛贝尔有交易收入182 000英镑。这是他纳税年度唯一的收入。2017年1月，他捐赠了16 000英镑的礼品。

计算2016—2017年度玛贝尔的所得税。

❖ **例2-9答案**

| | 非储蓄收入 |
| | £ |

		£	£
应税收入(没有个人免税额，因为收入超过122 000英镑)			182 000
所得税：			
基本利率部分	52 000×20%		10 400
更高利率部分	118 000×40%		47 200
额外利率部分	12 000×45%		5400
所得税义务			63 000

注1：基本利率限额32 000+16 000×100/80=52 000

注2：更高利率限额150 000+16 000×100/80=170 000

更高利率幅度(170 000−52 000)=118 000，即(150 000−32 000)=118 000

📓 **例2-10　调整净收入**

阿里萨在2016—2017纳税年度的工资是110 000英镑。2017年1月，他捐赠了4000英镑。计算2016—2017年度阿里萨的所得税。

❖ **例2-10答案**

| | 非储蓄收入 |
| | £ |

		£	£
就业收入/净收入			110 000
减：个人免税额(注1)			(8500)
应税收入			101 500
所得税		£	£
基本利率(注2)	37 000×20%		7400
更高利率	64 500×40%		25 800
所得税义务			33 200

注1：

个人免税额	£
净收入	110 000
减：捐赠4000×100/80	(5000)
调整净收入	105 000
减：收入限额	(100 000)
超额	5000
个人津贴	11 000
减：超额一半5000×1/2	(2500)
	8500

注2：

基本利率限额32 000+4000×100/80	37 000

例2-11 儿童福利所得税收费

卡米尔离婚了，有两个孩子，一个10岁，一个6岁。在2016—2017纳税年度，她的净收入为56 000英镑。在2016—2017年度，卡米尔缴纳的个人养老金为4400英镑。她在2016—2017年度领取1788英镑的儿童福利金。

计算卡米尔在2016—2017年度的儿童福利所得税。

❖ 例2-11答案

	£
净收入	56 000
减：个人养老金缴款	(4400)
调整净收入	51 600
减：限额	(50 000)
超额	1600/100=16
儿童福利所得税收费：1788×16×1%	286

例2-12 可转让个人免税额

贝蒂和卡罗尔是夫妻。在2016—2017纳税年度，贝蒂的净收入为8000英镑，卡罗尔的净收入为26 000英镑。他们所有的收入都是非储蓄收入。贝蒂已决定把他的部分个人津贴转到卡罗尔名下。

说明贝蒂和卡罗尔在2016—2017年度应纳税收入，并计算卡罗尔的所得税义务。

❖ 例2-12答案

贝蒂	非储蓄收入
	£
净收入	8000
减：个人津贴(11 000-1100)	(9900)
应税收入	0

卡罗尔	非储蓄收入
	£
净收入	26 000
减：个人津贴(11 000-1100)	(9900)
应税收入	16 100
所得税	
16 100×20%	3220
减少婚姻免税额1100×20%	(220)
所得税义务	3000

📓 例2-13　PAYE代码

依文是一个基本税率纳税人，有资格获得全额个人津贴(后缀字母L)。他每个纳税年度的收入为15 000英镑，并享有1160英镑的津贴。2014—2015年度，依文的未付税款为58英镑。依文有权在2016—2017年度享受11 000英镑的个人免税额。

依文在2016—2017年度的PAYE代码是多少？

❖ 例2-13答案

	非储蓄收入
	£
个人津贴	11 000
福利	(1160)
未付税款58×100/20	(290)
可用津贴	9550

依文的PAYE代码是9550L。

£2.3　补充阅读

2.3.1　所得税预扣制

对于英国居民在世界各地所取得的收入，需要向英国税务及海关总署纳税；对于非英国居民，仅需要就其在英国境内取得的收入进行纳税。对于每一位在英国境内受雇的员工，为方便雇主帮助其缴税，一旦雇佣合同形成，每位员工都会得到一个PAYE(pay as you earn)号，提示雇主应扣的税额。

2.3.2　中国个人所得税税制简介

个人所得税的纳税义务人，既包括居民纳税义务人，也包括非居民纳税义务人。居民纳税义务人负有完全纳税的义务，必须就其来源于中国境内、境外的全部所得缴纳个人所得税；而非居民纳税义务人仅就其来源于中国境内的所得，缴纳个人所得税。

2019年1月1日起，我国新个人所得税的起征点由原来的3500元上调到了5000元，新个人所得税的税率根据应纳税额划分为7个级数，和原来个人所得税不同的是1～3应纳税额的范围扩大了。新个人所得税除了起征点和费率发生变化外，还实施了专项附加扣除政策。专项附加扣除是指2019年新推出的子女教育、继续教育、大病医疗、住房贷款利息、住房租金，以及赡养老人费用专项扣除，以下为具体解释。

1. 子女教育

纳税人的子女接受全日制学历教育的相关支出，按照每个子女每月1000元的标准定额扣除。

2. 继续教育

纳税人在中国境内接受学历(学位)继续教育的支出，在学历(学位)教育期间按照每月400元定额扣除。同一学历(学位)继续教育的扣除期限不能超过48个月。纳税人接受技能人员职业资格继续教育、专业技术人员职业资格继续教育的支出，在取得相关证书的当年，按照3600元定额扣除。

3. 大病医疗

在一个纳税年度内，纳税人发生的与基本医保相关的医药费用支出，扣除医保报销后个人负担(指医保目录范围内的自付部分)累计超过15 000元的部分，由纳税人在办理年度汇算清缴时，在80 000元限额内据实扣除。

4. 住房贷款利息

纳税人本人或者配偶单独或者共同使用商业银行或者住房公积金个人住房贷款为本人或者其配偶购买中国境内住房，发生的首套住房贷款利息支出，在实际发生贷款利息的年度，按照每月1000元的标准定额扣除，扣除期限最长不超过240个月。纳税人只能享受一次首套住房贷款的利息扣除。

5. 住房租金

纳税人在主要工作城市没有自有住房而发生的住房租金支出，可以按照以下标准定额扣除：①直辖市、省会(首府)城市、计划单列市以及国务院确定的其他城市，扣除标准为每月1500元。②除第一项所列城市以外，市辖区户籍人口超过100万的城市，扣除标准为每月1100元；市辖区户籍人口不超过100万的城市，扣除标准为每月800元。

6. 赡养老人

纳税人赡养一位及以上被赡养人的赡养支出，统一按照以下标准定额扣除：①纳税人为独生子女的，按照每月2000元的标准定额扣除；②纳税人为非独生子女的，由其与兄弟姐妹分摊每月2000元的扣除额度，每人分摊的额度不能超过每月1000元。可以由赡养人均摊或者约定分摊，也可以由被赡养人指定分摊。约定或者指定分摊的，须签订书面分摊协议，指定分摊优先于约定分摊。具体分摊方式和额度在一个纳税年度内不能变更。

工资个人所得税的计算公式为：应纳税额=(工资薪金所得-五险一金-扣除数)×适用税率-速算扣除数，按月换算后的综合所得税率如表2-1所示。

表2-1　按月换算后的综合所得税率

级数	应纳税所得额	税率/%	速算扣除数/元
1	不超过3000元的	3	0
2	超过3000元至12 000元的部分	10	210
3	超过12 000元至25 000元的部分	20	1410
4	超过25 000元至35 000元的部分	25	2660
5	超过35 000元至55 000元的部分	30	4410
6	超过55 000元至80 000元的部分	35	7160
7	超过80 000元的部分	45	15 160

　　举个例子来看，如果某职工的工资收入为20 000元，每月需要缴纳的五险一金费用为1500元，该职工目前有一个孩子正在上学，还有年满60岁的父母需要赡养，那么该职工可以享受的子女教育专项扣除标准就是1000元/月，若职工是独生子女，赡养老人专项扣除标准为2000元/月。那么该职工应纳税额就是20 000-5000-1500-1000-2000=10 500(元)。根据以上税率表，我们可以算出，该职工需要缴纳的个人所得税为10 500×10%-210=840(元)。

£3.1 相关税制

在英国，在计算就业收入的时候，一般参照下面这个公式

工资(salary)

+奖金(bonus)

+福利(benefits)

−容许扣除

=就业收入

在计算雇员收入的时候，需要先计算雇员的工资收入，再计算雇员的奖金和福利。其中，福利的计算比较复杂，在雇主给雇员的各项福利中，有的福利需要纳税，有的福利不需要纳税，不需要纳税的福利也称为免税福利。

1. 免税福利

(1) 养老金。

(2) 工作场所停车。

(3) 提供手机给个人使用。这是指某些企业为员工提供一部可供个人使用的手机，手机本身的价值和手机话费均由企业承担。企业所提供的第一部手机及话费不作为税收的计征对象，但是从第二部开始，该项福利被纳入应税福利中。

(4) 鼓励员工绿色出行的措施(例如班车、自行车)。

(5) 全体员工均可使用的食堂。

(6) 儿童保育券。企业为员工提供看护学龄前儿童的服务，但基于员工的收入等级不同而有不同的保育券限额。其中，基本纳税人每周最多享受55英镑的免税保育，高阶税率纳税人每周最多享受28英镑的免税保育，更高阶税率纳税人每周最多可享受25英镑的免税保育。

(7) 搬家费。企业为员工提供搬家费，免税部分最多不超过8000英镑。

(8) 在外出差补贴。在英国国内出差，每晚5英镑干洗费及国内电话费补贴，不用作为福利纳税；到国外出差，每晚10英镑干洗费及国际长途电话费补贴，不用作为福利纳税。

(9) 家庭保姆费用。在不需要提供证据的情况下，每个家庭聘请保姆的费用，享受每周4英镑的免税福利，每个月最多享受不超过18英镑的免税福利。超过这个限额的，需要提供证据。

(10) 医疗福利。

2. 应税福利

应税福利有两项，包括：①凭证及信用凭证；②住房补贴。当雇员获得这两项福利时，需要就其价值向英国税务及海关总署交税。

1) 凭证及信用凭证

(1) 现金券。现金券是一种有价凭证，持有人可以根据其面值在指定场所购买相关产品和服务。对这一类福利，雇员要纳税，具体按照该现金券的面值计算应税额。例如，雇主提供面值为50英镑的超市购物卡，那么，对雇员的课税额就是50英镑。

(2) 非现金券。这是一种可以兑换产品或服务的礼券。作为给雇员的福利，雇主会批量购买，往往会有折扣，因此雇员按雇主取得该礼券的实际金额交税即可。

(3) 信用凭证。例如公司的信用卡，雇员按照私人正常购买该产品或服务所花费的金额交税。

2) 住房补贴

如果住房补贴是提供给雇员的住宿福利，由于其与工作有关，雇员可以获得该项福利的纳税豁免；如果提供的住所与雇员工作并无关联，雇员则需将住房补贴作为应税福利。

(1) 对所有雇员适用的房屋补贴豁免政策。雇主为雇员提供的住处与工作紧密相关包括三种情况：为了便于雇员工作，为了雇员更好地工作，为了雇员安全地工作。如果能够证明雇主为雇员提供住所是基于以上三个目的之一，则雇主所提供的房屋补贴适用于福利豁免政策，雇员无须就其获得的住房福利交税。

(2) 其他获得住房补贴的雇员，也就是雇员获得的住房补贴与工作无关，这部分就要交税。基本应税福利计算公式为

　　基本费用：年均价值或雇主支付的租金两项中数额较高者

　　+附加费用(成本-750 00)×官方利率3%，不够一年的，按时间比例计算

　　-针对雇主购买的公寓，居住不满一年的价值，按时间比例计算

　　-雇员支付的租金

　　=应税福利

注意：若房屋购买超过6年，不再按当时购买的成本价计算，而是按照6年后的市场价计算，同时在6年中有任何关于房屋方面的花费也要一并计入成本。

ⓔ3.2 案例分析

📓 例3-1 收到货币收益

布兰奇和阿曼达受雇于道特公司，布兰奇是道特公司的董事，阿曼达不是道特公司的董事。每个纳税年度于3月31日截止。两人的奖金是由道特公司颁发，详情如下所述。

布兰奇：6000英镑。这笔钱由董事们于2017年2月28日确定，并于2017年3月10日记入布兰奇董事的账户。布兰奇到2017年4月15日才能支取奖金，但实际上她是在2017年4月28日拿到奖金的。

阿曼达：2000英镑。阿曼达在2016年3月31日获得了这笔奖金，但同样由于道特公司的现金流问题，推迟支付。他实际上在2016年4月30日拿到了奖金。

布兰奇和阿曼达的奖金应算作何时取得？应该计入哪个纳税年度？

❖ 例3-1答案

布兰奇：布兰奇是一位董事，因此她的奖金是为了获取就业收入而发放的，取得奖金的时间应以当事人确定知道的时间为准，也就是奖金最早记入布兰奇账户的日期，即2017年3月10日。因此，该笔奖金的纳税年度为2016—2017年度。

阿曼达：阿曼达不是董事，所以他的奖金的计税时间是两个日期中较早的那一个，也就是公司的付款日期和其本人取得奖金的实际日期中比较早的那一个。在题目中，阿曼达拿到奖金的日期是2016年4月30日，他知道应享权利的日期是2016年3月31日，应取较早日期，即2016年3月31日，即该笔奖金的纳税年度为2015—2016年度。

📓 例3-2 旅费减免

艾米住在威科姆，通常在奇西克工作。偶尔，她会直接从家里前往温布尔登拜访客户。温布尔登位于威科姆和奇西克之间，威科姆距离温布尔登30英里，温布尔登距离奇西克5英里。

艾米在旅费项目上是否可享受减税政策？

❖ 例3-2答案

从威科姆到奇西克之间的交通费用，艾米不享受减免税政策，因为这是正常的交通费用。当艾米从威科姆前往温布尔登拜访客户时，这段路程的旅费可以得到税务减免。

例3-3　旅费减免

比尔原来在纽卡斯尔市中心为某大银行工作。后来比尔被派到莫佩思的另一家分公司全职工作了21个月，又回到纽卡斯尔。莫佩思位于纽卡斯尔以北20英里处。

比尔的旅费可以享受什么减税政策？

❖ 例3-3答案

虽然比尔在莫佩思分公司工作了21个月，但莫佩思分公司并不会被视为他的正常工作场所，因为他在此地的工作时间短于24个月。因此，比尔可以申请全额减免旅行费用，范围是从他家到莫佩思分公司。

例3-4　里程津贴

卡丽娜驾驶自己的私家车出差。2016—2017年度，卡丽娜为执行工作任务开私家车行驶了15 500英里。卡丽娜的雇主付给她里程津贴。

试计算应纳税津贴。假设雇主所付的里程津贴分为以下两种情况：

(1) 每英里补助50便士；

(2) 每英里补助25便士。

❖ 例3-4答案

	£
(1) 每英里补助50便士	
收到的里程津贴(15 500×50便士)	7750
减去免税金额(10 000×45便士+5500×25便士)	(5875)
应纳税津贴	1875

5875英镑是免税的，收到的超出部分1875英镑算作应纳税津贴。

	£
(2) 每英里补助25便士	
收到的里程津贴(15 500×25便士)	3875
减去免税金额(10 000×45便士+5500×25便士)	(5875)
容许扣除	(2000)

没有应纳税的津贴，相反，卡丽娜还可以将2000英镑从就业收入中扣除。

📕 例3-5　儿童保育

弗雷德在M公司工作，2016—2017年工资共85 000英镑。自2016年6月开始，他每周为女儿领取价值50英镑的儿童保育福利，在2016—2017年共计领取26周的保育福利。

弗雷德2016—2017年的就业收入是多少？

❖ 例3-5答案

收入情况	£
工资(高工资雇员)	850 00
儿童保育福利(50-28)×26	572
就业收入(2016—2017年)	85 572

📕 例3-6　房产福利

邓布利多于2016年1月入住一套其所在公司提供的公寓。这套公寓的年度价值为1200英镑。该公寓是雇主花费125 000英镑购买的，2016年1月的估价是150 000英镑。邓布利多共支付600英镑的房租。

在以下三种情况下，计算邓布利多2016—2017年度的应纳税津贴。

(1) 邓布利多的雇主在2014年购买了该房产。

(2) 邓布利多的雇主在2008年购买了该房产。

(3) 邓布利多被要求住在公寓里，因为这是公司房产的一部分，他是管理员。

❖ 例3-6答案

(1) 雇主在2014年购买该房产	£
年度价值	1200
减去已付租金	(600)
	600
额外的数目(125 000-75 000)×3%	1500
应纳税津贴	2100

(2) 雇主在2008年购入该房产	£
年度价值	1200
减去已付租金	(600)
	600
额外的数目(150 000-75 000)×3%	2250
应纳税津贴	2850

注意：邓布利多在雇主买下这套公寓6年后首次搬进来，因此房产价值按照目前市场价计算。

(3) 邓布利多是房产管理员

由于雇主提供的住宿福利与工作有关，应纳税津贴是0。

例3-7　用车津贴

2016年4月6日，卢平的雇主为他提供了一辆新车。这辆车既可供私人使用，也可用于上下班。雇主当时买车花了1500英镑。2016年10月6日，该车的估值为700英镑，雇主将这辆车的所有权转让给了卢平，卢平没有为这辆车付过任何钱。

2016—2017年，就该车而言，卢平的应纳税福利是多少？

❖ 例3-7答案

使用福利	减免
	£
转让福利=转让该车时，该车的市场价	<u>700</u>
卢平应纳税福利是700英镑。	

ⓔ3.3　补充阅读

3.3.1　英国雇佣关系形式

无论是以自雇的形式获得工资，还是为自己的雇员发工资，都涉及缴纳工资税的问题。在计税领域，英国的雇佣关系可以分为自雇和他雇两种形式。

1. 自雇形式

一旦成为自雇者，就应该通过英国税务及海关总署为自雇者设立的新雇主热线服务电话为自己注册账户，缴纳工资税(income tax)和国民保险税(national insurance contributions，NIC)。他们必须保留公司收入和支出的详细记录，并且每年需要根据自己的交易额向税务及海关总署报账。大多数自雇者会请会计师来核实他们是否支付了正确的税金，以及是否使用了所有可能的课税减免。

2. 他雇形式

对雇主来说，除了要代缴雇员工资的所得税外，还需要为雇员缴纳国民保险税。在满足如下情况时，雇主需要立即在英国税务及海关总署注册成雇主。

(1) 支付给雇员的工资达到或超过了所得税预扣制(pay as your earn，PAYE)系统的工资门槛。

(2) 雇主支付给雇员的工资达到或超过了国家保险规定的最低收入限制。

(3) 雇员已有其他工作。

(4) 雇员获得了国家、公司或职业养老金。

(5) 雇主向劳动者提供了雇员的福利。

需要注意的是，就算在公司中只有雇主一人在工作，雇主也需要在英国税务及海关总署注册为雇主。英国税务及海关总署的雇主注册方式通常为网上申请，在某些情况下，需要通过邮件、电话或直接跟税务及海关总署的工作人员沟通。

3.3.2 中国的相关情况

工资性收入是指就业人员通过各种途径得到的全部劳动报酬，包括所从事的主要职业的工资以及从事第二职业、其他兼职和零星劳动得到的其他劳动收入。工资总额由计时工资、计件工资、奖金、津贴和补贴、加班加点工资、特殊情况工资(根据国家法律、法规和政策规定，因病、工伤、产假、计划生育假、婚丧假、事假、探亲假、定期休假、停工学习、执行国家或社会义务等原因，按计时工资标准或计时工资标准的一定比例支付的工资；附加工资；保留工资)组成。

劳动者的以下劳动收入不属于工资范围。

(1) 单位支付给劳动者个人的社会保险福利费用，如丧葬抚恤救济费、生活困难补助费、计划生育补贴等。

(2) 劳动保护方面的费用，如用人单位支付给劳动者的工作服、解毒剂、清凉饮料费用等。

(3) 按规定未列入工资总额的各种劳动报酬及其他劳动收入，如根据国家规定发放的创造发明奖、国家星火奖、自然科学奖、科学技术进步奖、合理化建议和技术改进奖、中华技能大奖等，以及稿费、讲课费、翻译费等。

(4) 对于奖金的计税处理，中国与英国的做法也不尽相同。在中国，个人所得税申报实行收付实现制，也就是以个人实际拿到钱的时间为准。例如，某公司2019年的年终奖实际是在2020年1月发放的，那么该年终奖属于哪一年的收入呢？从个税申报角度来说，该年终奖应算作2020年的收入，企业要在2020年2月初对这笔奖金进行个人所得税申报，并代扣代缴个人所得税。

第4章 房产和投资所得

£4.1 相关税制

4.1.1 房产租金的课税

英国房产租金有很多种，包括租金(rent)和一次性给付的溢价(premium)。

租金收入的课税公式为

$$
\begin{array}{c}
租金收入(获利) \\
\underline{-房产相关支出} \\
=财产应课税收入/损失
\end{array}
$$

注意：租金(rent)实行应计制，也就是以应该知道的时间为计税时间，而无论该租金是否真实到账；一次性给付的溢价(premium)实行实计制，也就是以钱款真实到账的时间作为计税时间。此外，工资(salary)和奖金(bonus)以收据为基础，也就是在应计制和实计制这两个时间点中取较早的那个时间点来作为计税时间；福利(benefit)实行实计制，即按照获得该福利的真实时间纳税。

与房产相关的支出包括房屋保险费、代理人酬金和广告费、房东交纳的地方税、房东支付的水费、修复及重新装饰房屋的费用。

这里需注意：有一类装修会使房产的本来属性发生改变，例如使房屋更具有艺术性、更美观等，这些提升原有层次和破坏本来属性的花费不能减免；还有一类装修只是简单的修复，目的是使修复后的财产能够保持与之前一样的使用体验，这类花费可以作为相关支出项在买卖房产时从利润中扣减。

一次性支付的溢价(premium)，需按照公式计算本年度应税额，公式为

$$\frac{一次性支付的溢价额(premium)-一次性支付的溢价额(premium)\times 2\%\times(N-1)}{=本年度租金收入}$$

注意：N指的是租用时间期限。

4.1.2 带家具的假日出租屋租金的课税

对于带家具的假日出租屋(furnished holiday letting，FHL)，根据英国税务及海关总署的规定，这类房产出租的租金所得是全部免税的。因此，首先需要明确的问题就是该房产到底是否属于带家具的假日出租屋。

带家具的假日出租屋应满足下列条件：①房屋出租的时候，配备完整的家具设施并且可供租客使用；②出租行为是一种基于商业利益的行为；③每年该房屋可供租客使用的时间超过210天，并且每年的实际使用时间超过105天；④若将房屋出租给固定的某人连续超过31天就称为长期占有，而税法只允许不超过155天的长期占有。

4.1.3 出租一间屋的租金减免

有些英国人会将自己家闲置的房间出租出去。为了提高房屋利用率，并达到环保的目的，英国针对这类将自己主要居所中的某一个房间出租出去的行为，实行税收减免，该政策被称为出租一间屋的租金减免(rent a room relief)。减免政策规定如下：如出租某个房间的年度租金收入少于4250英镑，则无须交纳租金税；如年度租金收入大于等于4250英镑，则需要正常交纳租金税。这类租金的应税额有两种计算办法，纳税人可选税赋低的办法纳税。

计算办法1：公式为

$$\frac{租金收入-房产上的花费-折旧减免(wear\ and\ tear\ allowance)}{=应税租金额}$$

计算办法2：本方法也称为"替代办法"，公式为

$$\frac{租金收入-4250(rent\ a\ room\ relief)}{=应税租金额}$$

ⓔ4.2 案例分析

📓 例4-1 租房救济

麦克斯在诺福克的海边有一幢房子，他有一间空余的卧室，在2016—2017年租给在附近一家餐馆工作的厨师，租金为每周150英镑，包括取暖费和电费。

麦克斯估计，他的房客每年要额外花费155英镑的燃气，115英镑的电费，50英镑的建筑保险费。麦克斯2016—2017年度应课税的房租收入是多少？

❖ 例4-1答案

麦克斯的房租总额超过房租上限4250英镑，因此，他有以下选择：

(1) 按照正常方法，按其实际利润交税。

	£
租金收入(150×52)	7800
减去开支 (155+115+50)	(320)
应课税租金额	7480

(2) 根据"替代办法"选择租金减免。

7800英镑的总租金收入超过4250英镑的限额，因此，如果要享受房费减免政策，应纳税收入为3550英镑(7800-4250)。

比较两种不同计算方法下的应税租金收入，明显第二种数额更低，因此按"替代方法"征税，对麦克斯更有利。

📓 例4-2 一次性支付租金的应税问题

贾斯珀于2017年3月1日与杰克签订50年的租约，杰克一次性支付了17 000英镑的租金费用。贾斯珀收到的租金中有多少应作为本纳税年度的财产收入征税？

❖ 例4-2答案

	£
一次性支付租金	17 000
减(50-1)×17 000×2%	(16 660)
作为本纳税年度财产收入征税	340

ⓔ4.3 补充阅读

4.3.1 英国土地税制简介

英国的土地税制是一个包括许多税种的复杂体系，主要包括地方议会税(家庭财产税)、营业房产税、遗产税、印花税、所得税、增值税等。上述税种中，地方议会税属于地方税，其他均为中央税(营业房产税虽然由地方政府征收，但需要全部上交中央政府，因此也将其列入中央税)。

总体来说，土地税制是以土地为课税对象的税收制度。土地包括农业用地、住宅用地、经营用地、林地等。英国土地及相关不动产税的税基包括两个部分：一部分是土地，另一部分是建筑物和其他不动产。该类税收是目前英国税收体系中的一个重要组成部分，具有增加财政收入、促进土地有效利用、调节土地级差收入等重要作用。

4.3.2 中国土地税制简介

在我国，土地所有权的权利主体只能是国家和农民集体。中国的土地税主要有以下两类。

1. 土地增值税

土地增值税是指转让国有土地使用权、地上的建筑物及其附着物并取得收入的单位和个人，以转让所取得的收入(包括货币收入、实物收入和其他收入)减除法定扣除项目金额后的增值额为计税依据向国家缴纳的一种税赋，不包括以继承、赠与方式无偿转让房地产的行为。

2. 耕地占有税

耕地占有税指国家对占用耕地建房或者从事其他非农业建设的单位和个人，依据实际占用耕地面积，按照规定税额一次性征收的一种税。

第5章 资产折旧

£5.1 相关税制

税法赋予企业对固定资产折旧方法和折旧年限的选择权。除因特殊原因需要缩短折旧年限的情况，对于一般固定资产折旧年限，税法都做了明确的规定。英国税法中也明确规定，各类不同生产资料可以分别纳入不同的折旧池(pool)中进行折旧。折旧池根据折旧对象和折旧率分成主池(main pool)、特殊费率池(special rate pool)、短使用期限池(short life asset pool)、私人使用池(private use asset pool)等。

5.1.1 厂房和设备的折旧

固定资产，特别是厂房和设备在使用过程中会发生磨损、消耗，其价值会逐渐降低，这种价值的降低就属于固定资产折旧。如果固定资产价值降低了，就应该把这种价值的降低量计算出来(即计提折旧)，并在账户中予以记录。

在英国，企业购买汽车后，需要根据汽车的二氧化碳排放量来确定按照哪个费率池进行折旧。英国规定：二氧化碳排放量在75至130克/千米的汽车，折旧计提在主池内；二氧化碳排放量超过130克/千米的汽车，折旧计提列入特殊费率池；二氧化碳排放量低于75克/千米的汽车属于低排放汽车，在首年可获得100%减免(first year allowance，FYA)。

因为一般固定资产折旧都可以放到主池中，所以我们重点强调一下，在特殊费率池中进行折旧计提的资产，包括上文提到的二氧化碳排放量超过130克/千米的汽车，此外还有飞机、起重机，以及作为整体建筑物不可分割的一部分，包括大楼的电气和照明系统、冷水系统、空间或水加热系统、升降机及自动扶梯等。

在英国税法中，通常位于主池中的资产，具有预期寿命不到8年的特点。因此任何厂房和设备，除了汽车外，都可以被视为短使用期限资产。如果以低于结转后该生产资料价值的价格出售，则可享受结余额免税的政策。但如果在8年内没有进行处置，则不予解除，余额自动返回主池。

5.1.2 资产折旧类别

年度投资津贴(annual investment allowance，AIA)，是针对本年度新购进的机器设备资本进行税收减免。注意，这里的机器设备不包括小汽车(car)。年度投资津贴的额度是200 000英镑，但这个额度对应的是12个月的会计期间。当会计期间(n)不等于12个月时，额度就变成了200 000×n/12。我们还需明确年度投资津贴的抵减顺序：首先是特殊费率池(special rate pool)；其次是主池(main pool)；再次是短使用期限池(short-life asset)；最后是私人使用费率池(asset with private use)。

资产减值津贴(writing down allowance，WDA)是允许的账面价值抵减数额，抵减的是期初价值，加上本期增加(additions)，减去本期处置(disposal)之后的余额(balance)。资产分类不同，资产减值津贴的计提比例不同。主池资产的计提比例是18%；特殊费率池资产的计提比例是8%；对于短使用期限池及私人使用费率池，资产的一般分类决定了资产减值津贴的计提比例。不管是18%，还是8%，对应的期间都是12个月的会计期间。当会计期间(n)不等于12个月的时候，计提比例将变成18%或8%×n/12。

对于资产减值津贴，还需注意一个概念，即小余额(small balance)，当主池和特殊费率池的结余小于等于1000英镑的时候，不再计提18%或者8%的资产减值津贴，而是计提100%的资产减值津贴。同样，1000英镑的判断标准针对的是12个月的会计期间。如果会计期间不等于12个月，判断小余额的标准就变成了1000×n/12。

首年减免(first year allowance，FYA)是针对本年新购进的低排量车(二氧化碳排放量≤75克/千米)的资本进行税收抵减。低排量车必须是全新的，不能是二手车。实际买低排量车花了多少钱，首年减免就减免多少钱。首年减免与资产减值津贴和年度投资津贴不同，不管会计期间是否等于12个月，首年减免数值均不变。

5.1.3 池内结余

池内结余(balanceing allowance/balance charge，BA/BC)代表了池内经过买卖或折旧后，该池内的剩余价值减免(BA)或剩余价值金额(BC)。只有以下三种情况会产生BA/BC：①费率池(pool)的结余(balance)出现负数，会产生剩余价值金额(BC)。②结业(cease trade)用BA/BC抹零，结余(balance)是负数，产生剩余价值金额(BC)；结余

(balance)是正数，产生剩余价值减免(BA)，且不再享有其他减免。③处置单独列示的资产，包括短寿命资产或私人使用资产。

当某个体账户期限不足12个月或多于12个月，减免额度可视账户期限做调整。具体情况如下：如果账户期短于或长于12个月，首年减免和池内结余不按比例下降或上升。但是资产减值津贴和年度投资津贴则需要进行调整，可以调整成较短或较长的记账期，相应缩小或扩大$n/12$。例如，账户期限是6个月，年度投资津贴需要按比例缩小到100 000(即200 000×6/12)。

ⓔ5.2　案例分析

📔 例5-1　资产折旧额

艾米是一个贸易商，记账日是每年4月5日。截至2016年4月5日，她的主要资产折旧已被减记为13 500英镑。在截至2017年4月5日的一年里，艾米购买了以下资产：

2016年6月1日，购买机械设备，花费190 000英镑；

2016年11月12日，购买厢式货车，花费18 500英镑；

2017年2月10日，为推销员购买了专用汽车(二氧化碳排放量125克/千米)，花费9000英镑；

2016年12月15日，她以12 000英镑(原价16 000英镑)的价格处置了一座工厂。

计算艾米截至2017年4月5日的税务年度，其最高资产折旧额是多少。

❖ 例5-1答案

	年度投资津贴	主池	折旧
	£	£	£
截至2017年4月5日			
原有价值		13 500	
适用于年度投资津贴的项目			
2016年6月1日机器	190 000		
2016年11月12日厢式货车	18 500		
	208 500		
年度投资津贴	(200 000)		200 000
	8500		
转入主池的余额	(8500)	8500	

适用于年度投资津贴的附加条款		
2017年2月10日购买汽车	9000	
处置		
2016年12月15日处置工厂	(12 000)	
	19 000	
资产减值津贴×18%	(3420)	3420
池内价值	15 580	
最高资产折旧额		203 420

📖 例5-2　短期账户

维纳斯是个贸易商，他的会计记账日是每年4月30日。截至2016年4月30日，她的主要资产减记额为67 000英镑。他决定在2016年12月31日之前准备下一批账目。截至2016年12月31日，他进行了下列经济行为：

2016年5月1日，收购一处厂房，花费143 333英镑；

2016年7月10日，购买一辆汽车(二氧化碳排放量110克/千米)，花费9000英镑；

2016年8月3日，购买一辆汽车(二氧化碳排放量60克/千米)，花费11 000英镑；

2016年11月1日，维纳斯以20 000英镑(原价28 000英镑)的价格出售了一处工厂。

计算维纳斯在截至2016年12月31日的会计年度中可以申请的最高资产折旧额。

❖ 例5-2答案

	年度津贴	首年津贴	主池	折旧
	£	£	£	£
截至2016年12月31日				
池内结余价值			67 000	
适用于年度投资津贴的项目				
2016年5月1日收购厂房	143 333			
年度投资津贴200 000×8/12	(133 333)			133 333
	10 000			
转入池内的余额	(10 000)		10 000	
适用于年度投资津贴和首年减免的项目				
2016年8月3日购买汽车(新车，低排量)		11 000		
减：100%首年减免		(11 000)		11 000
不符合年度投资津贴和首年减免的项目				
2016年7月10日购买汽车			9000	
2016年11月1日处置工厂			(20 000)	
			66 000	

资产减值津贴×8/12×18%	(7920)	7920
池内价值	58 080	
最高可申请折旧额		152 253

例5-3　长期账户

艾伦于2016年7月1日开始交易，并将他的第一次会计记账日定为2017年12月31日，他购买了以下资产：

2016年7月10日，收购一处工厂，花费140 000英镑；

2016年10月1日，购买仅供商业使用的汽车(二氧化碳排放量126克/千米)，花费11 000英镑；

2017年2月12日，收购一处工厂，花费245 000英镑。

计算艾伦在截至2017年12月31日可以提出的最高资产折旧额。假设2016—2017年度的资产折旧率也适用于2017—2018年度。

❖ 例5-3答案

	年度津贴 £	主池 £	折旧 £
截至2017年12月31日			
适用于年度投资津贴的附加条款			
2016年7月10日收购工厂	140 000		
2017年2月12日收购工厂	245 000		
	385 000		
年度投资津贴200 000×18/12	(300 000)		300 000
	85 000		
转入主池的余额	(85 000)	85 000	
不符合年度投资津贴资格的新增项目			
2016年10月1日购买汽车		11 000	
		96 000	
资产减值津贴×18/12×18%		(25 920)	25 920
池内价值		70 080	
最高资产折旧额			325 920

📓 例5-4 主池中的较小余额处理

艾伦从事贸易多年，记账日是每年的4月5日。截至2016年4月5日，他的主要资产减记额为14 500英镑。2016年10月1日，他以14 200英镑(原价16 000英镑)的价格出售了一些工厂和机械。

计算艾伦在截至2017年4月5日的税务年度可申请的最高资产折旧额。

❖ 例5-4答案

	£	£
截至2017年4月5日		
池内价值	14 500	
处置	(14 200)	
	300	
资产减值津贴(小余额，small pool)	(300)	300
池内价值	0	
最高资产折旧额		300

📓 例5-5 私人资产折旧

邦妮从商多年，记账日是每年的3月31日。2016年11月1日，她以3000英镑的价格购买了电脑设备，其中一半时间用于商业，一半时间用于私人。在截至2017年3月31日的一年中，她已将年度投资津贴用于其他支出。

计算截至2017年3月31日，邦妮可就电脑设备申请的最高资产折旧额。

❖ 例5-5答案

	电脑设备	折旧
截至2017年3月31日	£	£
获得	3000	
资产减值津贴×18%	(540)	270
池内价值	2460	
该电脑设备可申请的最高资产折旧额		270

📓 例5-6 私家车免税额

芭芭拉于2016年7月1日开始做贸易，编制账户至2016年12月31日，此后每年的12月31日作为会计记账日。2016年8月1日，芭芭拉花了18 000英镑买了一辆汽车，二氧化碳排放量为115克/千米。该车于2019年7月以4000英镑售出。芭芭拉的其他折旧额度已经使用完毕。

请计算资产折旧额，假设2016—2017年度的折旧率适用于整个时期。

❖ **例5-6答案**

	主池 £	折旧 £
2016年1月7日—2016年12月31日		
购买价格	18 000	
资产减值津贴×18%×6/12	(1620)	1620
	16 380	
2017年1月1日—2017年12月31日		
资产减值津贴×18%	(2948)	2948
	13 432	
2018年1月1日—2018年12月31日		
资产减值津贴×18%	(2418)	2418
	11 014	
2019年1月1日—2019年12月31日		
收入	(4000)	
	7014	
资产减值津贴×18%	(1263)	1263
池内价值	5751	

📖 **例5-7 短期资产**

房利美于2016年5月1日以9000英镑的价格购买了一台用于商业的机器。她没有就这项资产提出年度投资津贴税收减免。她的会计年度结束时间是4月30日。在下列情况下,计算资产折旧额。

(1) 2024年8月,该资产以400英镑售出;

(2) 2025年8月,该资产以200英镑售出,并假定2016—2017年度的资本津贴率始终适用。

❖ **例5-7(1)答案**

		£
截至2017年4月30日		
成本		9000
资产减值津贴×18%	(1620)	7380
截至2018年4月30日		
资产减值津贴×18%	(1328)	6052
截至2019年4月30日		
资产减值津贴×18%	(1089)	4963

截至2020年4月30日		
资产减值津贴×18%	(893)	4070
截至2021年4月30日		
资产减值津贴×18%	(733)	3337
截至2022年4月30日		
资产减值津贴×18%	(601)	2736
截至2023年4月30日		
资产减值津贴×18%	(492)	2244
截至2024年4月30日		
资产减值津贴×18%	(404)	1840
截至2025年4月30日		
出售处置收益	(400)	
余额津贴		1440

❖ **例5-7(2)答案**

如果该资产在2024年4月30日仍在使用，则资产减值津贴在2024年4月30日之前的所有折旧情况和数值将如例5-7(1)答案所示。在2025年4月25日，资产减值津贴可折旧331英镑(1840×18%)。在下一个会计期开始时，税额减记价值1509英镑(1840−331)将被继续放在主池中。在计算资本免税额时，将从主池中扣除200英镑的出售处置收益。没有余额津贴产生，并且主池将继续保持。

£5.3 补充阅读

固定资产是指企业为生产商品、提供劳务、出租或者经营管理而持有的，使用寿命超过一个会计年度的，价值达到一定标准的非货币性资产。除国务院财政、税务主管部门另有规定外，固定资产计算折旧的最低年限规定如下：①房屋、建筑物，20年；②飞机、火车、轮船，10年；③与生产经营活动有关的器具、工具、家具等，5年；④飞机、火车、轮船以外的运输工具，4年；⑤电子设备，3年。

企业拥有并用于生产经营的主要或关键的固定资产，由于以下原因确需加速折旧的，可以缩短折旧年限或者采取加速折旧的方法：①由于技术进步，产品更新换代较快的固定资产；②常年处于强震动、高腐蚀状态的固定资产。

1. 最低折旧年限的规定

企业采取缩短折旧年限方法的，对其购置的新固定资产，最低折旧年限不得低于

《中华人民共和国企业所得税法实施条例》(以下简称《实施条例》)第六十条规定的折旧年限的60%；若为购置已使用过的固定资产，其最低折旧年限不得低于《实施条例》规定的最低折旧年限减去已使用年限后剩余年限的60%。最低折旧年限一经确定，一般不得变更。以下为具体规定。

(1) 从2011年1月1日起，企业外购的软件，凡符合固定资产或无形资产确认条件的，可以按照固定资产或无形资产进行核算，其折旧或摊销年限可以适当缩短，最短可为2年(含)；集成电路生产企业的生产设备，其折旧年限可以适当缩短，最短可为3年(含)。

(2) 对于生物药品制造业，专用设备制造业，铁路、船舶、航空航天和其他运输设备制造业，计算机、通信和其他电子设备制造业，仪器仪表制造业，信息传输、软件和信息技术服务业，这6个行业的企业在2014年1月1日后新购进的固定资产，可缩短折旧年限或采取加速折旧的方法。对上述6个行业的小型微利企业在2014年1月1日后新购进的研发和生产经营共用的仪器、设备，单位价值不超过100万元的，允许一次性计入当期的成本费用在计算应纳税所得额时扣除，不再分年度计算折旧；单位价值超过100万元的，可缩短折旧年限或采取加速折旧的方法。

(3) 对轻工、纺织、机械、汽车4个领域重点行业的企业在2015年1月1日后新购进的固定资产，可由企业选择缩短折旧年限或采取加速折旧的方法。对上述行业的小型微利企业在2015年1月1日后新购进的研发和生产经营共用的仪器、设备，单位价值不超过100万元的，允许一次性计入当期的成本费用在计算应纳税所得额时扣除，不再分年度计算折旧；单位价值超过100万元的，可由企业选择缩短折旧年限或采取加速折旧的方法。

(4) 自2019年1月1日起，适用《财政部 国家税务总局关于完善固定资产加速折旧企业所得税政策的通知》(财税〔2014〕75号)和《财政部 国家税务总局关于进一步完善固定资产加速折旧企业所得税政策的通知》(财税〔2015〕106号)规定的固定资产加速折旧优惠的行业范围，扩大至全部制造业领域。

(5) 从2020年1月1日至2020年12月31日，对疫情防控重点保障物资生产企业为扩大产能新购置的相关设备，允许一次性计入当期成本费用在企业所得税税前扣除。企业名单由省级及省级以上发展改革部门、工业和信息化部门确定。

2. 一次性扣除政策的规定

关于一次性扣除政策，国家也有新规定。

(1) 对所有行业企业在2014年1月1日后新购进的专门用于研发的仪器、设备，单位价值不超过100万元的，允许一次性计入当期成本费用在计算应纳税所得额时扣除，不再分年度计算折旧；单位价值超过100万元的，可缩短折旧年限或采取加速折旧的方法。对所有行业企业持有的单位价值不超过5000元的固定资产，允许一次性计入当期成本费用在计算应纳税所得额时扣除，不再分年度计算折旧。

(2) 对企业在2018年1月1日至2020年12月31日期间新购进的设备、器具，单位价值不超过500万元的，允许一次性计入当期成本费用在计算应纳税所得额时扣除，不再分年度计算折旧。

第6章 个人贸易亏损

凡是贸易，盈利或亏损都有可能，因此作为正常的贸易结果，亏损时有发生。在英国税法中，不仅将在纳税年度内真实发生的贸易亏损视为亏损，还把由于税项调整而产生的负值一并视为亏损。因此，贸易亏损由以下两种情况产生：①税前调整贸易亏损；②税前调整贸易利润减去资本免税额(capital allowances)而产生的负值。如果一个人在经营过程中发生了贸易亏损，则需要对其总收入(该纳税人拥有除贸易外的其他收入)进行补偿或将所有亏损结转。

£6.1 相关税制

6.1.1 关于贸易所得的计算

1. 形式

由于个体的会计记账内容与应税记账有出入，需要进行调整后再做纳税申报。一般做法是由后往前，从净利润账户入手，进行账户项目调整，具体如下所述。

净利润账户额

需要添加的项：不可扣除的税款开支

任何非贸易性开支

需要扣除的项：不作为交易收入征税的项目

=调整后的利润

再减去：资产折旧

=贸易收入或亏损

2. 会计账单调整的原则

在调整账单的过程中，有些花费是允许的，不需要进行调整；有一些花费则是不允许的，需要调整回来(加回来)。

(1) 贷款利息。符合条件的贷款利息支付是允许的，可以从总收入中扣除，不用调整回来。专利使用费是允许从交易利润中扣减的，不用调整回来。

(2) 无法收回的账款。如果是贸易债务坏账，则允许备抵，不用调整回来；如果是非贸易坏账，则不允许备抵，需要调整回来。

(3) 娱乐费用。一般不允许抵消，除非是为公司雇员所花的娱乐费用。同时，送给公司雇员的礼物是可以抵消的。送给客户的礼物需要满足以下条件才可以抵消：礼物费用每人每年不得高于50英镑；礼物不是食品、饮料、烟草或可兑换商品和服务的代金券等。如果送给客户的礼物超出以上范畴，则需要调整回来。

(4) 捐献和捐款。对于以公司或个人贸易名义进行的捐赠，在计算所得时可抵减的项目包括：向专业协会、本地慈善机构做出的捐款；不可抵减的项目包括：作为礼物的援助、捐赠，向政治团体和国家捐款。

(5) 法律和专业费用。可抵减的法律费用包括：收取贸易债务的法律费用，获得交易贷款融资的法律费用，注册专利/商标的法律费用，续订短期租约的法律费用，与公司互联网域名辩护有关的法律费用，与供应商/客户违反合同的诉讼有关的法律费用，会计与审计费用；不可抵减的法律费用包括：发行新股所产生的律师费，公司或雇员不遵守某些法律和立法发生的法律费用，最初授予短期租约的法律费用。

(6) 应付利息。为交易目的的借款而支付的利息是可以抵减的，不需要按权责发生制调整。

(7) 租赁费用。一般与公司贸易相关的租赁费用可以作为公司花费，不需要进行调整；但如果是因为租赁了二氧化碳排放量超过130克/千米的汽车而产生的租赁费，那么其中的15%是不可以抵减的，需要调整回来。

(8) 罚金和处罚。原则上这部分花费不能算作贸易花费，需要调整加回来；但如果是雇员为公司经营而发生的罚款，根据具体情况，可允许其作为企业花费减掉。

(9) 雇主的工资、雇主取走的资产、资本利息。这部分花费都要在账单调整时加回。

(10) 向家庭成员支付的额外工资。如果雇佣亲属的工资与市场价齐平，则不存在调整；如果超过市场价，则需要将额外支付的薪资加回来。

(11) 雇主从公司拿走供私人使用的货物。该项目应该以市场价加回货物利润中重新计算税额。

3. 计算营业利润

首先，需要明确个体是否在做贸易，判断个体是否在做贸易的标志是"SOFIRM"，具体内容如下所述。

主体(subject)：判断流转中的对象是否是常规的商品；

所有权(ownership)：所有权的时间长度，越短越有可能是在做贸易；

频率(frequency)：相同行为发生的频率，越多越有可能是在做贸易；

改进(improvement)：是否做了一些辅助性的提升工作，以便获得更好的市场；

原因(reason)：买卖的目的是什么；

动机(motivation)：利润驱使更易被判定为是在做贸易。

其次，在判断个体确实是在做贸易之后，可以开始计算营业利润。这里面有两个关键步骤：第一步，找时间；第二步，找账单。

(1) 第一步，找时间：判断这个会计账单应该在哪个税年缴税。

① 贸易元年的时间调整规则(opening year basis)。从交易开始日期到第一个4月5日，作为第一个税年，并且由此判定是哪个税年。

确定第一个税年后，依次判定第二个税年的具体时间。然后问一个问题：是否有一个会计区间在第二个税年结束？据此推断出第二个税年，答案有两种可能：

● 如果不在这个区间，第二个税年需记为从4月6日到下一年的4月5日；

● 如果在这个区间，问另一个问题：这个会计期间有多长？

若会计期间≤12个月，第二个税年是从开业日期向后数12个月，简称顺序法。

若会计期间＞12个月，从记账日往前推12个月，简称倒推法。

第三个税年以此类推，看会计记账日在哪个税年，就在该税年纳税，这也是现行税年的确定办法。

② 现行年度规则(current year basis)。看会计记账日在哪个税年，就在该税年纳税。这样有可能会发生重复利润(overlap profits)，只有当更改或停止交易时才能释放重复利润，否则将一直结转下去。

③ 结束年度规则(closing year basis)。根据贸易停止日期判断最后一个税年，以此推算出倒数第二个税年。判断倒数第二个税年后，看倒数第二个税年内是否有一个会计日期。在确定倒数第二个税年后，将其余时间统统纳入最后一个税年。

$$最后一个税年应税利润 = 未经评估的所有利润 - 重复利润$$

(2) 第二步，找账单：根本目的就是调整会计记账为应税收入。

具体做法：从每个账户净利润(net profit per account)入手

加上：不许减而减的费用(例如折旧费)

税收交易利润未贷记账(例如，贸易商将货物拿出供私人使用未记账，需要调整回来，按照市场价计入贸易收入)

减去：费用(注意：只有这项花费完全因公事发生才可以减去)

不计入贸易收入的所得(例如，贸易人的私人房屋租金所得)

资产折旧(capital allowance)

贸易利润或者贸易亏损

注意：关于花费这部分有一些特殊规定：①对于汽车，如果由个人使用，则个人使用部分的花费要加回账单。②家庭成员工资超过市场价的部分要加回。③罚款要加回。④维修改进花费要加回。⑤涉及汽车租赁，如果汽车二氧化碳排放量≤130克/千米，租赁费用不需要调整加回；如果租赁的汽车二氧化碳排放量>130克/千米，则要加回15%的租赁费用。⑥所有涉及对政治团体、政党的捐赠要加回。⑦关于给顾客的礼物，首先礼物性质不能是烟酒食品类以及代金券，其次年金额不得超过50英镑，否则需要全部调整加回。注意不是仅超过部分加回，而是全部都需要调整加回。⑧专利(patent)的申请费用属于正当花费，不用加回。

6.1.2 弥补交易亏损的方法

可用于弥补交易亏损的主要方法有如下4种：抵减本课税年度及/或上一课税年度的入息总额；结转亏损；早期亏损解除；终期亏损解除。

面对一般亏损，处理办法包括：本年度损失救济，后移亏损、进行一般损失缓解。对于特别亏损，例如，在一项交易的前4个课税年度发生的贸易损失，可抵减前3个课税年度的净收入。无论是雇员还是自营职业者，都可按照先进先出原则(first in first out, FIFO)，将损失应用到这些年份。这种方法的优势是可以尽早减少损失。

⑥6.2 案例分析

📖 例6-1 对汽车租赁费用的限制

珍妮是一名个体户。2016年5月，她租了一辆汽车用于自己的业务。2016—2017年度的租赁费用为5000英镑。这辆车的二氧化碳排放量为142克/千米。

在调整利润计算时，不允许扣除的租赁费用数额是多少？

❖ 例6-1答案

由于汽车的二氧化碳排放量超过130克/千米，15%的租赁费用将被禁止扣除，即5000×15%=750英镑。

例6-2 调整后应纳税交易利润

这是交易员约翰的损益表(截至2016年5月31日)。

损益表

总利润		79 500
收到的银行利息		500
费用包括：		
工资和薪金	20 000	
租金费用	13 000	
资产折旧	1500	
汽车费用——企业拥有两辆汽车	5000	
汽车费用——租用二氧化碳排放量为150克/千米的汽车	500	
娱乐费用——客户	750	
办公费用	1350	
		(42 100)
应付利息		(1500)
净利润		36 400

注意：

1. 在工资和薪金项目中，包括付给约翰妻子朱莉的10 000英镑，因为朱莉在公司做兼职工作。如果约翰雇另一个人来做这项工作，约翰也至少得付这笔钱。

2. 该公司购买一辆汽车的费用为3000英镑，约翰对于该汽车的私人消费占比为20%。公司购买的另一辆汽车供兼职销售员使用，购买汽车花费2000英镑，这辆汽车的私人使用占比为40%。

3. 公司于2016年5月1日开始租赁汽车，不允许私用。

4. 资本免税额为900英镑。

❖ 例6-2答案

约翰经调整的应纳税交易利润	£	£
净利润		10 400
需加回： 工资和薪金	0	
租金费用	0	
折旧	1500	
雇主私人汽车费用(3000×20%)	600	
销售员的车	0	
不可抵减的租车费用(500×15%)	75	
客户的娱乐费用	750	
办公费用	0	

应付利息	0	
		2925
		13 325
允许减: 收到的银行利息	(500)	
资本减免额	(900)	
		(1400)
按税务目的调整的贸易利润		11 925

例6-3 利润调整

以下为交易员小七在2017年4月5日的年末损益表。

	£	£
总利润		90 000
其他收入		
收到的银行利息		860
余额		90 860
费用		
工资和薪金	60 000	
租金费用	7000	
折旧	1500	
减值损失(贸易)	2150	
客户娱乐费用	750	
专利使用费用	3200	
购置新工厂的法律费用	250	
		(72 850)
财务费用		
已付银行利息		(300)
净利润		17 710

工资和薪金项目中包括付给小七的妻子梅勒妮全职工作的15 000英镑,试计算经调整的应税贸易利润。(提示:你应该从净利润17 710英镑开始,并用0表示任何不需要调整的项目)

❖ 例6-3答案

以下为经调整后,截至2017年4月5日年末,小七应纳税交易利润。

	£	£
净利润		17 710
加:工资和薪金(包括梅勒妮工资)	0	

租金费用	0
折旧	1500
减值损失(贸易)	0
客户娱乐费用	750
专利使用费	0
法律费用(资本)	250
已付银行利息	0
	2500
	20 210
减去收到的银行利息	(860)
按税务目的调整的利润	19 350

📔 例6-4 基期

露西于2012年9月1日开始交易，记账日是每年的4月30日，以下为其利润结果。

会计期间	利润£
2012年9月1日—2013年4月30日	8800
2013年5月1日—2014年4月30日	18 000
2014年5月1日—2015年4月30日	9000
2015年5月1日—2016年4月30日	10 500

试计算2012—2013年度至2016—2017年度应纳税的利润。

❖ 例6-4答案

年度	基期	步骤	应税利润
			£
2012—2013	2012年9月1日—2013年4月5日	8800×7/8	7700
2013—2014	2012年9月1日—2013年8月31日	8800+(18 000×4/12)	14 800
2014—2015	2013年5月1日—2014年4月30日		18 000
2015—2016	2014年5月1日—2015年4月30日		9000
2016—2017	2015年5月1日—2016年4月30日		10 500

📔 例6-5 贸易终止

自2001年开始贸易的南希于2017年3月31日终止了贸易，以下是其近几年的利润结果，记账日是每年的12月31日。

会计期间	利润£
2014年1月1日—2014年12月31日	12 000
2015年1月1日—2015年12月31日	15 000
2016年1月1日—2016年12月31日	22 000
2017年1月1日—2017年3月31日	4000

试计算南希2014—2015年度至2016—2017年度的应税利润。

❖ **例6-5答案**

年度	基期	应税利润
		£
2014—2015	2014年1月1日—2014年12月31日	12 000
2015—2016	2015年1月1日—2015年12月31日	15 000
2016—2017	2016年1月1日—2017年3月31日	26 000

例6-6 停止贸易和重叠利润

保罗的交易时间为2011年7月1日至2016年12月31日，其结果如下所述。

会计期间	利润
	£
2011年7月1日—2012年8月31日	7000
2012年9月1日—2013年8月31日	13 000
2013年9月1日—2014年8月31日	16 000
2014年9月1日—2015年8月31日	21 000
2015年9月1日—2016年8月31日	18 000
2016年9月1日—2016年12月31日	5600
	80 600

计算2011—2012年度至2016—2017年度应纳税的贸易利润、重叠利润，并说明重叠利润何时可以释放。

❖ **例6-6答案**

2011—2012年度至2016—2017年度应纳税的利润和应纳税利润总额计算如下所述。

年份	基期	步骤	应税利润
			£
2011—2012	2011年7月1日—2012年4月5日	7000×9/14	4500
2012—2013	2011年9月1日—2012年8月31日	7000×12/14	6000
2013—2014	2012年9月1日—2013年8月31日		13 000
2014—2015	2013年9月1日—2014年8月31日		16 000
2015—2016	2014年9月1日—2015年8月31日		21 000
2016—2017	2015年9月1日—2016年12月31日	(18 000+5600-3500)	20 100
			80 600

重叠利润是2011年9月1日至2012年4月5日7个月期间的利润，具体为7000×7/14＝3500(英镑)。重叠利润应从交易停止时的最后一年的应税利润中扣除释放。

例6-7 会计日期的选择

贝尔于2014年12月1日开始交易。她在最初7个月的月利润为1000英镑,此后的月利润为3000英镑。

请列出前3个应税年度的应税利润,并列出每一年度的应税利润。在以下三种情况下,会计日期从短于12个月的会计期开始。

(1) 3月31日;

(2) 4月30日;

(3) 12月31日。

❖ 例6-7答案

(1) 3月31日

会计期间	步骤	利润
		£
2014年12月1日—2015年3月31日	1000×4	4000
2015年4月1日—2016年3月31日	1000×3+3000×9	30 000
2016年4月1日—2017年3月31日	3000×12	36 000

年份	基期	应税利润
		£
2014—2015	2014年12月1日—2015年4月5日	4000
2015—2016	2015年4月1日—2016年3月31日	30 000
2016—2017	2016年4月1日—2017年3月31日	36 000

(2) 4月30日

会计期间	步骤	利润
		£
2014年12月1日—2015年4月30日	1000×5	5000
2015年5月1日—2016年4月30日	1000×2+3000×10	32 000

年份	基期	步骤	应税利润
			£
2014—2015	2014年12月1日—2015年4月5日	5000×4/5	4000
2015—2016	2014年12月1日—2015年11月30日	5000+32 000×7/12	23 667
2016—2017	2015年5月1日—2016年4月30日	32 000	

(3) 12月31日

会计期间	步骤	利润
		£
2014年12月1日—2014年12月31日	1000×1	1000
2015年1月1日—2015年12月31日	1000×6+3000×6	24 000
2016年1月1日—2016年12月31日	3000×12	36 000

总结如下:

年份	基期	步骤	应税利润
			£
2014—2015	2014年12月1日—2015年4月5日	1000+24 000×3/12	7000
2015—2016	2015年1月1日—2015年12月1日		24 000
2016—2017	2016年1月1日—2016年12月1日		36 000

📖 例6-8　一般收入中的损失处理

截至2016年12月31日,伊娃损失了36 000英镑。她的其他收入是每年30 000英镑的股息收入。她希望从前一年的一般收入中获得损失救济。她去年的贸易收入为0英镑。

计算伊娃每年的应纳税所得额,并对损失救济的有效性进行评价,假设2016—2017年度税率和免税额一直适用。

❖ 例6-8答案

亏损期于2016—2017年度结束,因此,损失年份为2016—2017年度。

	2015—2016	2016—2017
	£	£
总收入	30 000	30 000
减:从一般收入中减除损失	(6000)	(30 000)
净收入	24 000	0
减:个人免税额	(11 000)	(11 000)
应税收入	13 000	0

在2016—2017年度,(11 000+5000)=16 000,其中的损失已被浪费,因为该数额的收入将由个人免税额和股息零利率范围支付。如果伊娃只是从一般收入中索赔损失救济,那么,她对这种损失救济的浪费是无能为力的。

例6-9 对损失救济的限制

格蕾丝已经做了很多年的交易，记账日是每年的4月5日。

她最近的贸易结果如下所述。

	利润/(亏损)
	£
截至2016年4月5日	20 000
截至2017年4月5日	(210 000)

格蕾丝还拥有许多投资房产，2015—2016年度，她的房地产业务收入为130 000英镑，2016—2017年度的房地产业务收入为220 000英镑。

计算格蕾丝2015—2016和2016—2017纳税年度的应税收入，假设她在这两年的一般收入中要求减免交易亏损。

❖ 例6-9答案

在2016—2017年度，损失救济上限为(210 000×25%)=55 000英镑。这一数字大于50 000英镑，个人免税额不适用，因为调整后的净收入超过122 000英镑。

在2015—2016年度，损失救济索赔不以20 000英镑的交易利润为上限。

对其他收入的减免上限为500 000英镑，因为这一数字大于(150 000×25%)=37 500英镑，总损失救济索赔为(20 000+50 000)=70 000英镑。损失余额为(210 000-55 000-70 000)=85 000英镑，它是从同一行业未来利润中结转的。

值得注意的是，对损失救济的限制意味着，2016—2017年度的额外费用和2015—2016年度的较高比率已解除损失，2015—2016年度的个人津贴也已恢复。

	2015—2016	2016—2017
	£	£
交易收入	20 000	0
房地产业务收入	130 000	220 000
总收入	150 000	220 000
减：一般收入亏损	(70 000)	(55 000)
减：个人津贴	(11 000)	(0)
应税收入	69 000	165 000

📔 例6-10 在损失救济之间的选择

以下为塞琳娜的交易结果。

交易利润/(亏损)

	£
截至2014年9月30日	4000
截至2015年9月30日	(21 000)
截至2016年9月30日	14 000

以下为塞琳娜的其他收入(全部为非储蓄收入)。

	£
2014—2015年	6800
2015—2016年	33 500
2016—2017年	18 000

请有效地利用塞琳娜的交易损失。假设个人免税额为11 000英镑。

❖ 例6-10答案

塞琳娜可从2014—2015年度和(或)2015—2016年度的一般收入中获得救济,并结转任何未使用的损失。2014—2015年度的一般收入为4000+6800=10 800英镑,将全部使用个人免税额支付,所以不应提出这项申索。2015—2016年度,应从一般收入中提出索赔,因为这比2016—2017年度结转索赔更能节省税款。

以下为最终结果:

	2014—2015	2015—2016	2016—2017
	£	£	£
交易收入	4000	0	14 000
减结转损失救济	(0)	(0)	(0)
	4000	0	14 000
其他收入	6800	33 500	18 000
	10 800	33 500	32 000
减去一般收入的损失	(0)	(21 000)	(0)
净收入	10 800	12 500	32 000
减去个人津贴			
应税收入	0	1500	21 000

例6-11 终期亏损减免

以下是某交易员截至2016年9月30日停止经营的结果。

	利润/(亏损)
	£
截至2013年12月31日的年度	2000
截至2014年12月31日的年度	400
截至2015年12月31日的年度	300
截至2016年9月30日的9个月	(1950)

未消除的重叠利润是450英镑。

试计算可用的最终损失救济。如果交易员在2015—2016年度和2016—2017年度的其他非储蓄收入为14 000英镑，可否提出另一项索赔？假设2016—2017年度税率和免税额适用于所有年份。

❖ 例6-11答案

最终亏损发生在过去12个月，即2015年10月1日—2016年9月30日，此期间按以下方式划分。

2015—2016	截至2016年4月5日的6个月
2016—2017	截至2016年9月30日的6个月，以下为终值损失。

如果该交易员在2015—2016年度和2016—2017年度的其他收入有14 000英镑，通过(1950+450)=2400可知这两年的一般收入中的损失救济索赔。

未实现的交易损失		£	£
2016—2017			
截至2016年9月30日	(1800)×6/9		(1200)
重叠部分	(450)		(450)
2015—2016			
截至2015年12月31日	300×3/12	75	
截至2016年4月5日	(1950)×3/9	(650)	
			(575)
应纳税贸易利润：			(1075)

年份	基期	利润	最终值亏损减免	最终应税利润
		£	£	£
2013—2014	截至2013年12月31日	2000	375	1625
2014—2015	截至2014年12月31日	400	400	0
2015—2016	截至2015年12月31日	300	300	0
2016—2017	2016年1月1日—2016年9月30日	0	0	0
			1075	

我们也可以在2016—2017年度要求宽减损失，但任何一年的索赔都可以利用相同的基本税率节省所得税，因此，人们更倾向于提前而不是晚些时候获得宽减。以下为计算结果。

	2013—2014	2014—2015	2015—2016	2016—2017
	£	£	£	£
交易利润	2000	400	300	0
其他收入	0	0	14 000	14 000
	2000	400	14 300	14 000
减去一般亏损	0	0	(2400)	0
净收入	2000	400	11 900	14 000

另一种选择是就终值损失救济提出索赔，并就未作为终值损失减少的损失余额从一般收入中提出索赔，则(2400-1075)=1325。

然而，由于2015—2016年度和2016—2017年度只有应纳税的收入(扣除个人免税额之后)，最终的损失救济索赔实际上在前几年不存在税收，而对一般收入的全额索赔更符合税收效率。

⑫6.3 补充阅读

结合《个体工商户个人所得税计税办法》(国家税务总局令第35号)(以下简称《办法》)相关规定，为查账征收的个体工商户解答10个个税问题。

1. 个体工商户包括哪些?

根据《办法》第三条规定，个体工商户包括:

(1) 依法取得个体工商户营业执照，从事生产经营的个体工商户;

(2) 经政府有关部门批准，从事办学、医疗、咨询等有偿服务活动的个人;

(3) 其他从事个体生产、经营的个人。

2. 个体工商户个人所得税纳税义务人是谁?

根据《办法》第四条规定，个体工商户以业主为个人所得税纳税义务人。

3. 计算个体工商户应纳税所得额应坚持什么原则?

根据《办法》第五条规定，个体工商户应纳税所得额的计算，以权责发生制为原则，属于当期的收入和费用，不论款项是否收付，均作为当期的收入和费用;不属于当期的收入和费用，即使款项已经在当期收付，均不作为当期的收入和费用。财政部、国家税务总局另有规定的除外。

4. 个体工商户的生产、经营所得如何计算应纳税所得额？

根据《办法》第七条规定，个体工商户的生产、经营所得，以每一纳税年度的收入总额，减除成本、费用、税金、损失、其他支出以及允许弥补的以前年度亏损后的余额，为应纳税所得额。

5. 个体工商户的哪些支出不得扣除？

根据《办法》第十五条规定，个体工商户下列支出不得扣除：

(1) 个人所得税税款；

(2) 税收滞纳金；

(3) 罚金、罚款和被没收财物的损失；

(4) 不符合扣除规定的捐赠支出；

(5) 赞助支出；

(6) 用于个人和家庭的支出；

(7) 与取得生产经营收入无关的其他支出；

(8) 国家税务总局规定不准扣除的支出。

6. 个体工商户纳税年度发生的亏损能否结转以后年度扣除？

根据《办法》第十七条规定，个体工商户纳税年度发生的亏损，准予向以后年度结转，用以后年度的生产经营所得弥补，但结转年限最长不得超过 5 年。

7. 个体工商户发生的难以分清的费用如何扣除？

根据《办法》第十六条规定，在个体工商户生产经营活动中，应当分别核算生产经营费用和个人、家庭费用。对于生产经营与个人、家庭生活混用难以分清的费用，其40%视为与生产经营有关费用，准予扣除。

8. 个体工商户发生的开办费如何扣除？

根据《办法》第三十五条规定，个体工商户自申请营业执照之日起至开始生产经营之日止所发生的符合本办法规定的费用，除为取得固定资产、无形资产的支出，以及应计入资产价值的汇兑损益、利息支出外，作为开办费，个体工商户可以选择在开始生产经营的当年一次性扣除，也可自生产经营月份起，在不短于3年期限内摊销扣除，但一经选定，不得改变。

开始生产经营之日为个体工商户取得第一笔销售(营业)收入的日期。

9. 个体工商户发生的公益性捐赠支出如何扣除？

根据《办法》第三十六条规定，个体工商户通过公益性社会团体或者县级以上人民政府及其部门，用于《中华人民共和国公益事业捐赠法》规定的公益事业的捐赠，捐赠额不超过其应纳税所得额30%的部分可以据实扣除。

财政部、国家税务总局规定可以全额在税前扣除的捐赠支出项目，按有关规定执行。

个体工商户直接对受益人的捐赠不得扣除。

10. 个体工商户业主的工资薪金支出能否在税前扣除？

根据《办法》第二十一条规定，个体工商户实际支付给从业人员的、合理的工资薪金支出，准予扣除。个体工商户业主的费用扣除标准，依照相关法律、法规和政策规定执行。个体工商户业主的工资薪金支出不得税前扣除。

第7章 养老金

⓹7.1 相关税制

在英国税法中，我们主要了解两个基本养老金制度：个人养老金计划(personal pension scheme)和在职养老金计划(occupational pension scheme)。在英国，任何人都可以缴纳个人养老金，包括自雇人员、在职员工以及任何不工作的人(包括孩童)。

职业养老金计划是雇主为雇员设立的老年退休金计划，一般是雇主向雇员的老年养老金计划供款，雇员也可以自己为老年养老金计划供款。雇主对雇员养老金计划的供款可在其公司交易利润项下扣除；雇员缴款可获得减税，但减税额受个人贡献值影响。

7.1.1 减税限额

1. 个体缴纳养老金可获得减税额的前提条件

养老金计划覆盖对象需得到英国承认并在税务局正式登记过，被保人是英国公民，且年龄低于75岁。

2. 可获得的年度最大税减额计算方法

第一步：判断最大年度额，方法：两数取大 ⟶

第二步：计算年度最大减税额，方法：两数取小 ⟶
通过这两步，可以判定个人的减税限额。

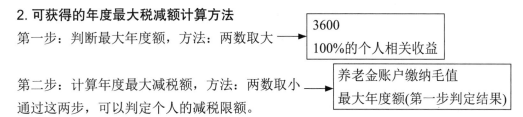

3600
100%的个人相关收益

养老金账户缴纳毛值
最大年度额(第一步判定结果)

7.1.2 个人养老金缴纳对税款缴纳的影响

1. 有利于扩展基准税率区间

基准税率区间从32 000开始上调,上调幅度为

$$上调幅度=个人对养老金的贡献值×100/80$$

2. 有利于扩展高阶税率区间

高阶税率区间从150 000开始上调,上调幅度为

$$上调幅度=个人对养老金的贡献值×100/80$$

⑭7.2 案例分析

📖 例7-1 计算应纳税额

詹姆斯在2016—2017年度的收入为61 000英镑,他支付的个人养老金为7200英镑(净额),他没有其他应税收入。

计算詹姆斯2016—2017年度的应纳税额。

❖ 例7-1答案

	非储蓄收入
	£
收益	61 000
减去个人减免	(11 000)
应税所得	50 000
	£
基准税率区间=£ 32 000+7200 ×100/80=41 000	
41 000×20%	8200
9000×40%	3600
50 000	11 800

例7-2 雇主支付养老金

雪莉在2016—2017年度的应税收入为61 000英镑，她的雇主在计算PAYE之前从这些收入中扣除了9000英镑的养老金缴款。她没有其他应税收入。

计算雪莉2016—2017年度的应纳税额。

❖ 例7-2答案

	非储蓄收入
	£
收入	61 000
减去养老金缴款	(9000)
净收入	52 000
减去个人减免	(11 000)
应税所得	41000
	£
32 000×20%	6400
9000×40%	3600
41 000	10 000

例7-3 结转年度津贴

鲍勃是一位个体户，以下为他的个人养老金计划的缴款总额。

2013—2014	25 000英镑
2014—2015	36 000英镑
2015—2016	25 000英镑

在2016—2017年度，鲍勃的应纳税交易利润将达到100 000英镑，他希望在2017年1月缴纳一大笔养老金。他没有其他收入来源。

(1) 鲍勃可以缴纳的最高可免税养老金金额是多少？

(2) 如果鲍勃在2017年1月缴纳了43 000英镑的个人养老金，那么，他可以转入2017—2018年度的未使用的津贴是多少？

❖ 例7-3答案

(1)	£
官方年度津贴(2016—2017)	40 000
结转的年度津贴(2013—2014)(50 000-25 000)	25 000
结转的年度津贴(2014—2015)(40 000-36 000)	4000
结转的年度津贴(2015—2016)(40 000-25 000)	15 000
养恤金最高缴款免税总额(2016—2017)	84 000

注意：2016—2017年度，官方年度津贴额是40 000英镑。如果之前税年中有未使用完的额度，可以结转累加，结转年限不能超过3个税年。

(2)   £

年度津贴(2016—2017)   40 000

未使用的年度津贴(2013—2014)   <u>3000</u>

贡献(2016—2017)   <u>43 000</u>

2013—2014年度津贴中的22 000英镑不能结转到2017—2018年度，因为结转年限超过3年。因此，2014—2015年度未使用年度津贴为4000英镑，2015—2016年度未使用的年度津贴为15 000英镑，一共19 000英镑，都可以结转至2017—2018年度。

📓 例7-4 年度津贴

杰西卡在2016—2017年度的就业收入为240 000英镑。2016年12月，她缴纳了60 000英镑的个人养老金。她没有结转任何未使用的年度津贴。

计算杰西卡2016—2017年度的所得税。

❖ 例7-4答案

	非储蓄收入
	£
应课税入息(没有个人免税额)	<u>240 000</u>
	£
92 000 (注1)×20%	18 400
<u>118 000</u>×40%	47 200
210 000 (注2)	
<u>30 000</u>×45%	13 500
<u>240 000</u>	
50 000 (注3)×45%	<u>22 500</u>
纳税义务	<u>101 600</u>

注1：基本利率限制，32 000+£ 60 000=<u>92 000</u>

注2：较高利率限额，150 000+60 000=<u>210 000</u>

注3：超额养恤金缴款，60 000-10 000=<u>50 000</u>

£7.3 补充阅读

7.3.1 英国养老金改革

英国实行了一系列养老金改革措施，核心目的是转向保基本，使政府提供的保障水平与社会经济发展相适应，倡导个人与国家共担责任，通过降低养老金水平、提高退休年龄、突出强调养老金精算平衡等方式逐步削减福利，遏制养老保险支出不断增长态势，并加快私人养老金改革，淡化政府养老责任。这些理念基本上为历届政府所接受和发展。经过多轮改革，目前，英国养老保险制度在养老金给付充足性、可持续性等方面已取得显著效果，有效控制了老龄化给养老保险基金及财政带来的负担，极大地增强了劳动力市场的活力，促进了经济发展。

7.3.2 中国养老金概况

中国经过多年的摸索、实践，在养老金的管理上逐步形成了"社会统筹与个人账户相结合"的筹资模式，建立了多层次的养老保险体系。但是，我国养老保险正面临更严峻的挑战，加速发展的人口老龄化、覆盖面窄、统筹层次低、隐性债务和个人空账等问题，已使现有的养老保险制度力不从心；农村传统的"家庭养老与土地保障"功能已日趋退化，新型农村养老保险刚刚开始试点，任务艰巨。因此，结合我国实际情况，针对我国当前社会养老保险在实践中出现的难点问题进行分析，进而提出相应的改革与完善措施，是社会保障的重中之重。

第 8 章 国民保险

£8.1 相关税制

在英国工作除了要交税以外，还需要交国民保险(National Insurance，NI)。比如，有的学生做兼职，由于年薪没达到交税的标准，每个月的工资不会扣税，而是扣国民保险。国民保险的计税基础、征收方法以及缴纳人如表8-1所示。

表8-1 国民保险

种类	计税基础	征收方法	缴税人
第一基础类 Class 1 primary	雇员毛收入	(41 865−7956)×12% 超41 865部分×2%	雇员
第一高级类 Class 1 secondary	雇员毛收入	超7956部分×13.8% (从2014—2015开始，雇主若只雇一个人，可以减掉2000的雇员减免，employment allowance)	雇主
第一A类 Class 1A	雇员的应税利益	津贴费×13.8%	雇主
第二类 Class 2	个体户的交易利润	2.75×52周	个体户
第四类 Class 4	个体户的交易利润	(41 865−7956)×9% 超41 865部分×2%	个体户

国民保险征收方法解释：总收入包括：工资、加班费、佣金或奖金；法定病假工资；雇主支付或分配的小费和酬金；支付雇员往返于家庭和工作之间的旅费；代金券(可兑换现金或非现金物品，如货物)。总收入不包括：豁免的就业福利(例如雇主支付的养恤金、移动电话费等)；除以金融工具、随时可兑换资产和非现金凭单形式获得的薪酬外，大多数应纳税的非现金福利；直接从顾客那里得到的小费；雇主提供的里程津贴，但不得超过HMRC核准的每英里45便士的津贴里程率(超过45便士的，须受第一类国民保险的限制)；雇主支付或偿还的业务费用，包括合理的旅费和生活费。

⑧8.2 案例分析

📒 例8-1 个人可能缴纳的国民保险类别

尼古拉斯从事自营职业已有许多年，他雇了1名全职推销员和6名兼职员工。尼古拉斯在2014—2015年度经税收调整后的交易利润为86 000英镑。销售员的薪水是14 000英镑，配有一辆汽车。其余工作人员的年薪为3000英镑。

请解释尼古拉斯需要支付哪类国民保险。

❖ 例8-1答案

尼古拉斯需要支付的国民保险有以下几类。

(1) 第二类国民保险，原因：供款与其自雇业务有关。

(2) 第四类国民保险，原因：供款与其自雇业务有关，根据其经税务调整后的交易利润计算所得，其利润超过7956英镑。

(3) 第一高级类国民保险，原因：供款是因为尼古拉斯是雇主，销售人员的收入超过7956英镑。

(4) 第一A类国民保险，原因：向推销员提供公司汽车使用福利而产生的供款。

(5) 其余6名兼职工作人员每人的收入低于7956英镑，因此不支付国民保险。

(6) 推销员的薪水为14 000英镑，有责任自行支付第一基础类国民保险。

📒 例8-2 第一类国民保险

珍妮特和约翰受雇于格诺梅斯有限公司，两人都参加了公司的职业养老金计划。以下为他们2014—2015年度的薪酬。

	珍妮特	约翰
	£	£
薪水	30 000	55 000
奖金	0	4000
汽车津贴	0	3950
雇主养恤金缴款	2300	4575
雇员退休金供款	3801	6500

计算珍妮特和约翰基于国民保险目的的毛收入。

❖ **例8-2答案**

	珍妮特	约翰
	£	£
薪水	30 000	55 000
奖金	0	4000
基于国民保险目的的毛收入	30 000	59 000

注意:

(1) 雇主的养恤金缴款不包括在内,因为那是一种豁免福利。

(2) 雇员的退休金供款会被忽略,因为在计算基于国民保险目的的相关收入时,这些供款是不可扣减的。

(3) 汽车津贴不包括在内,因为它是一种非现金福利。

📖 例8-3 第一类国民保险

米粒受雇于蓝青蛙有限公司,年薪43 000英镑,此外公司还给米粒提供如下福利:

	£
公司汽车福利	5000
当地健身房的代金券	2000

计算米粒和蓝青蛙公司在2014—2015年度需缴纳的第一类国民保险。

❖ **例8-3答案**

米粒非现金保险的年收入为45 000英镑(薪水为43 000英镑,代金券为2000英镑)。公司提供的汽车是一种非现金福利,因此不受第一类国民保险的限制。

米粒需缴纳的第一类国民保险	£
$(41\ 865 - 7956) \times 12\%$	4069
$(45\ 000 - 41\ 865) \times 2\%$	63
	4132
蓝青蛙公司需缴纳的第一类国民保险	
$(45\ 000 - 7956) \times 13.8\%$	5112

📖 例8-4 第一A类国民保险

西蒙受雇于达顿有限公司,年薪52 000英镑。2014—2015年度,公司为他配备了一辆标价为15 000英镑的汽车,这辆汽车的二氧化碳排放量为168克/千米。该汽车的工作里程用油和私人里程用油均由雇主支付。

计算2014—2015年度公司和西蒙应承担的国民保险。

❖ 例8-4答案

(1) 第一类国民保险

	£
西蒙需缴纳的第一类国民保险	
(41 865 − 7956)×12%	4069
(52 000 − 41 865)×2%	203
	4272

公司需缴纳的第一类国民保险	
(52 000 − 7956)×13.8%	6078

(2) 第一A类国民保险

西蒙需缴纳的第一A类国民保险

	£
公司汽车	
15 000×26%	3900
公司提供的私人燃料 (21 700×26%)	5642
公司需缴纳的第一A类国民保险	9542
(9542×13.8%)	1317

注意: 在涉及汽车二氧化碳排放量和应课税税率的计算时,需要将不能被5整除的二氧化碳排放量降低到与之最为接近的能够被5整除的数,这里将168降为165进行计算。

📓 **例8-5　第四类国民保险**

詹姆斯自1998年以来开始自雇油漆工和装潢师开展工作,他在2014—2015年度经税务调整后的交易利润为56 000英镑,他之前还有交易亏损结转额10 000英镑。他的妻子波比是一名兼职理发师,她在2014—2015年度经税务调整后的交易利润为8560英镑。

计算詹姆斯和波比在2014—2015年度应付的第四类国民保险额。

❖ 例8-5答案

詹姆斯	£
税后交易利润	56 000
减:结转的交易损失	(10 000)
基于第四类国民保险的利润收入	46 000
需缴纳的第四类国民保险额	£
(41 865 − 7956)×9%	3052
(46 000 − 41 865)×2%	83
	3135

波比	
需缴纳的第四类国民保险额	
(8560 − 7956)×9%	54

⏣8.3 补充阅读

英国法律规定，国民一旦开始工作，必须在6周内加入社会保险，社会保险号码也就是国民加入保险后取得的账号。英国的税法很完善，也很严格，个人所得税直接由公司的人力资源部门从工资中扣除。在这一阶段同时扣除的还有社会保险费，在工资单上，这两个项目是写在一起的。因此，如果个人没有社会保险号码，根本没有办法报税。

在我国，社会保险指的是在既定社会政策下，由国家通过法律手段对全体社会劳动者强制征缴保险基金，用以对其中丧失劳动能力或失去劳动机会的成员提供基本生活保障的一种特殊的消费品再分配形式。我国社会保险的主要内容包括养老保险、医疗保险、失业保险、工伤保险、生育保险。

我国社会保险基金的来源是劳动者所在经济单位或雇主按本单位员工工资总额的一定百分比缴纳的保险费，劳动者个人按其工资收入总额或基本工资总额的一定百分比缴纳的保险费，再由国家财政对社会保险基金的开支给予适当补贴。

第9章 个人税务管理

£ 9.1 相关税制

英国的税收无处不在，与个人相关的税有个人所得税、增值税、关税、消费税、路税、社会保险税、地方税等。其中，个人所得税情况最复杂，注意事项最多。

个人所得税(income tax)，顾名思义，是指因为个人收入而缴纳的税。计税时间是每年的4月6日到次年的4月5日。目前，英国的个人所得税归英国税务及海关总署收取和管理。

9.1.1 报税及缴税

每一年，纳税人都会收到英国税务及海关总署下发的纳税申报表(self-assessment tax return)填写通知，并规定纳税人提交纳税申报表的截止日期。需注意，不同的纳税情况，截止日期也不一样。

1. 常规状况 (general condition)

以2015—2016税年为例，以下3个时间中，取较晚的一个作为截止日期：①纸张纳税申报表提交截止日期为2017年10月31日；②电子纳税申报表提交截止日期为2018年1月31日；③发出纳税申报表的3个月。

2. 其他情况

若纳税人没有收到英国税务及海关总署下发的申报通知，怎么办呢？

纳税人应自己通知英国税务及海关总署，表明其有需要申报的纳税义务，例如有雇佣收入或资本利得。通知税务及海关总署的时间也有明确规定，是该税年结束后6个月之内。例如在2015—2016税年，如果税务及海关总署没有通知，纳税人需要在

2016年的10月5日前通知税务及海关总署。如果没有税款要交，则不用申报；如果有税款要交，但是没有通知税务及海关总署，则会受到惩罚。

9.1.2 填错申报单的罚款

对纳税人的处罚，取决于纳税人犯错误的主观态度。在使英国税务及海关总署遭受损失的前提下，纳税人犯错的主观态度不同，缴纳罚金的比重也不一样，具体包括以下几种情况：①0，说明纳税人只是犯了一个小错误；②30%，错误可能是因为纳税人粗心大意造成的；③高达70%，判定纳税人的错误是主观故意造成的；④达到100%，说明纳税人是在经过深思熟虑后犯错，可能是故意隐瞒或者修改相关信息。当然，如果纳税人自行披露错误，处罚会相应减轻。不同的主观态度下个体填错申报单需缴纳罚金的比重如表9-1所示。

表9-1　不同的主观态度下个体填错申报单需缴纳罚金的比重

不同态度	自愿披露	促进披露	不披露
无意的	0	15%	30%
故意的但没有隐藏	20%	35%	70%
故意的且隐藏	30%	50%	100%

9.1.3 逾期罚款

逾期罚款的额度与逾期的时间长度相关，具体分为以下几种情况：①逾期不超过1个月，罚款为0；②逾期不超过6个月，罚款比重为5%；③逾期6个月以上、12个月以下，罚款比重为10%；④逾期12个月以上，罚款比重为15%。

若某项新收入申报逾期，罚款比重与纳税人主观意愿紧密相关，具体分为以下几种情况：①0，说明纳税人有合理的理由延迟通知；②30%的未缴税款，说明纳税人并非故意，只是客观上未能通知到；③高达70%的未缴税款，如果证明纳税人是故意不通知、刻意隐瞒，则会增加到100%。同样，如果纳税人自愿披露，处罚可以相应减轻。不同的主观态度下逾期付款个体需缴纳罚金的比重如表9-2所示。

表9-2　不同的主观态度下逾期付款个体需缴纳罚金的比重

不同态度	自愿披露	促进披露	不披露
无意的	0~10%	10%~20%	30%
故意的但没有隐藏	20%	35%	70%
故意的且隐藏	30%	50%	100%

保存记录时间要求：需要保存6年以内所有能够证明免税、减税以及纳税的小票和单据，如果没有保存6年，纳税人会被处以罚金，罚金是3000英镑。

£ 9.2 案例分析

例9-1 提交报税表

请问下列3位客户在2016—2017纳税年度，提交的纳税申报表截止日期分别是什么时候？分为以下两种情况：

(1) 返回非电子申报表；

(2) 返回电子申报表。

安博需要提交税务及海关总署于2017年4月6日发出的报税表通知；

凯蒂需要提交税务及海关总署于2017年8月10日发出的报税表通知；

珍妮需要提交税务及海关总署于2017年12月12日发出的报税表通知。

❖ 例9-1答案

	非电子申报表	电子申报表
安博	2017年10月31日	2018年1月31日
凯蒂	2017年11月9日	2018年1月31日
珍妮	2018年3月11日	2018年3月11日

例9-2 账户付款

莉萨是一名作家，她在 2015—2016 年度缴纳了以下税款。

	£
征收的所得税总额	8200
其中包含：扣除储蓄税	3200
她还需要支付：第四类国民保险	1900
资本利得税	4800

2016—2017 年度莉萨应缴纳多少个人所得税？什么时候到期？

❖ 例9-2答案

	所得税
	£
2015—2016年度所得税总额	8200
减去2015—2016年度扣除的税款	(3200)
	5000
第四类国民保险	1900
应缴税款总额	6900

2016—2017年度付款情况：

2017年1月31日	6900×50%	3450
2017年7月31日	6900×50%	3450

注意：莉萨不需要缴付资本利得税。如果应缴税款总额低于1000英镑的最低限额，则不需要账户分期付款。此外，纳税人不需要通过PAYE，缴付上年度80%或以上的税款。

📓 例9-3 税款总额

凯根据2015—2016年度的负债情况，分别于2016年1月31日和2016年7月31日支付了2015—2016年度6500英镑的账户欠款。然后，他计算出他在2016—2017年度的所得税总额和第四类国民保险额为18 000英镑，其中2850英镑是从源头上扣除的。此外，他还计算出，2016—2017年度处置资产的资本利得税应为5120英镑，2016—2017年度的第二类国民保险为146英镑。

计算凯在2016—2017年度的税款总额。

❖ 例9-3答案

所得税和第四类国民保险：18 000-2850-6500-6500=2150(英镑)

资本利得税=5120(英镑)

第二类国民保险=146(英镑)

2015—2016年度的税款总额：2150+5120+146=7416(英镑)

📓 例9-4 利息

根据2015—2016年度的所得税规则计算，马克的应付税额为4500英镑。然而，他在2017年1月提交2015—2016年度所得税申报表时声称，将2016—2017年度的纳税额减少到3500英镑。第一笔款项于2017年1月29日支付，第二笔款项于2017年8月12日支付。马克于2017年12月提交了2015—2016年度的纳税申报表。报表显示，他在2016—2017年度(扣除账户付款前)的纳税义务包括个人所得税及第四类国民保险10 000英镑、资本利得税2354英镑、第二类国民保险146英镑。马克于2018年2月19日支付了应缴税额余额，计5500英镑。

分析在不同时期内，马克将被收取多少利息。

❖ 例9-4答案

马克申报了较低的纳税额度，这影响了英国税务及海关总署对相关应收款项的利息收入。账户付款额应以2015—2016年度原始负债为准，即各为4500英镑(而不是以2016—2017年度负债为准，即各为3500英镑)。

利息将按以下方式收取：

(1) 首次账户付款

① 3500英镑，无须支付利息。

② 从2017年1月31日(到期日)至付款日期前一天，即2018年2月18日。

(2) 第二次账户付款

① 3500英镑，从2017年7月31日(到期日)至付款日期前一天，即2017年8月11日。

② 1000英镑，从2017年7月31日(到期日)至付款日期前一天，即2018年2月18日。

(3) 余额1000英镑+资本利得税2354英镑+第二类国民保险146英镑=3500(英镑)

3500英镑，从2018年1月31日(到期日)至付款日期前一天，即2018年2月18日。

例9-5 对错误的惩罚

鲍比是个体户。他于2018年1月10日提交了2016—2017年度的纳税申报表。申报表显示，他的交易收入为61 000英镑。事实上，由于粗心大意，他的营业收入应该是68 000英镑。

说明英国税务及海关总署对鲍比的最高处罚。

❖ 例9-5答案

由于鲍比的错误，英国税务及海关总署潜在的收入损失是：

	£
(68 000- 61 000)=7000×(40%+2%)	2940
又由于鲍比的错误并非主观故意，最高惩罚为：2940×30%	882

例9-6 减刑

孙是个体户。她于2017年1月31日提交了2015—2016年度的纳税申报表。回执显示该年度有80 000英镑的损失。事实上，孙故意将这一损失增加了10 000英镑，并提交了虚假数字来支持她的索赔。英国税务及海关总署开始对孙的申报表进行审查，后期孙对其错误进行了主观披露。

说明孙可能受到的最高和最低处罚。

❖ 例9-6答案

	£
由于孙的错误，英国税务及海关总署潜在的收入损失是：10 000×40%	4000
孙的错误主观故意所为，因此可能受到的最高惩罚为：4000×100%	4000
后来孙主动披露了信息，因此可能受到的最低惩罚为：4000×50%	2000

💷9.3 补充阅读

9.3.1 英国税收管理简介

英国税收管理部门为税务及海关总署，主要职责是监督公民的纳税申报单，并就纳税义务达成共识。税务及海关总署下设专门办公室，分别负责津贴计划、原油税收等专项事务。大多日常税务工作由地方税务办公网络实施，这些地方税务办公网络有三种不同的类型：一是咨询中心，负责处理纳税人的一般咨询和分发税务表格及税务宣传小册子；二是服务办公室，负责日常评估和征收工作；三是地区办公室，负责检查纳税人是否遵守税收法规。

英国的纳税年度(亦称财政年度或评估年度)与我国不同，始于当年4月1日，止于次年3月31日。以前，对个体纳税人的纳税义务评估完全是税务机关的职责。后来，随着纳税人自行估税体系的引入，评估责任由税务机关转移到纳税人。这在很高程度上保证了税额评估的准确性和缴税的及时性。

1. 自行估税体系

如果纳税人的当期应纳税额通过源泉扣缴制或者随薪付税制仍不能被全额征收，其应纳税额必须经过正式的纳税评估。纳税人可自行计算年度内应纳税额，税务机关负责核查；纳税人也可选择由税务机关计算应纳税额。在任何一种情况下，都要先进行纳税申报，具体程序如下：每年4月初，税务机关向有关纳税人发放纳税申报表。申报表格包括8页基础表格和一系列辅助表格。每页基础表格可用于申报不同类型的收入和所得，辅助表格用于申报特殊情况的收入。

税务机关还为那些有条件使用计算机系统申报的纳税人提供电子申报表格(磁盘版)。个人纳税人也可以利用互联网进行电子申报。纳税申报表上只需填报本年度的相关纳税信息。纳税申报信息应完整，不允许遗漏数字或者有信息缺失。纳税人应保存相关账目及证明资料，以备税务部门调查纳税申报信息的准确性。纳税申报表中设有"税额计算"一栏，纳税人可选择填写或保持空白。在后一种情况下，税务部门将代之计算并将计算结果的复印件交给纳税人。这两种情况，均被称为自行估税。

纳税申报表必须在下述日期以前交回税务部门备案：由纳税人自行计算应纳税额的，为次年的1月31日；由税务部门计算纳税人应纳税额的，为当年的10月31日。如果纳税人未能在10月31日前上交纳税申报表，将失去由税务机关计算其应纳税额的权利。同时，税务机关有权拒绝纳税人在10月31日之后报送的任何纳税申报表(除非"税额计算"栏填写完整)。在申报表被拒收的情况下，纳税人必须自行填写"税额计算"栏，而且即便是项目填写齐全的纳税申报表，其最终申报也很有可能被延迟至年度备案日期之后并被处以罚款。因延迟申报造成的延期缴纳税款仍不能免除被加收附加费及滞纳金利息的风险。

税务机关有权在纳税申报表备案后12个月内对纳税人的自行估税结果予以调整。纳税人有权在当年度纳税申报表备案后12个月内就其自行估税的结果予以调整。如纳税人发现自行评估的税金出现错误，导致其多缴税款，可在申报表备案之日起5年内向税务机关提出。以下为自行估税应纳税款的支付时间。

第一次支付日是在自行估税年度的1月31日；

第二次支付日在自行估税年度的7月31日；

最后的余额支付必须在年度纳税申报表备案日之前完成，即次年的1月31日前。

例如，对于 2015—2016 年度的应纳税款，其支付日分别为 2016 年1月31日、2016年7月31日和 2017年1月31日。

2. 可征收税额告知

没有收到纳税申报表的个人纳税人，如果有税务机关未掌握的应税收入或所得，必须在纳税年度结束前6个月内向税务部门申报其收入所得。如不执行该项规定，税务机关将予以处罚。

下列情况纳税人可免于告知：纳税人无资本所得；非高税率纳税人；纳税人所得均属于税收源泉扣缴。

3. 调查

在自行估税体制下，税务机关采取先接收后检查的方法进行纳税申报表备案管理。申报表中明显的信息错误须当时调整，对于申报的收入和所得总额当期不予核查，但所有的申报表都会在后期进行核查和抽查。

税务机关一般会对申报信息进行核查，调查对象多为随机选择。一般说来，调查开始于年度申报表备案日起的12个月内。如果在12个月内税务部门没有进行调查，纳税人就可以确定其自行估税结果(即申报表上对于涉税事实的全部披露)即为最终申报。但是，如果纳税人被发现没有做出全部披露，税务机关在12个月后可以采取"发现评估"的办法。自行估税体系下的"发现评估"时间期限规定如下：涉税事实披露不完整，但无疏忽和隐瞒的，为自行估税年度后的第6个税收年度的4月5日前；有疏忽和隐瞒的，为自行估税年度后的第21个税收年度的4月5日前。

4. 决定

如果纳税人在规定时间内未能完成纳税申报备案，税务机关有权就应纳税额做出决定，其计算依据是纳税人的相关信息。在决定做出之后，纳税人无权就此进行申诉，也无权缓缴税款。唯一避免被税务机关决定应纳税额的方式是纳税人按期完成申报备案。

5. 申诉

在自行估税体系下，纳税人有权就税务机关做出的有关决定提出申诉。申诉主要有下面几类：对所处罚款的申诉；对所处附加费的申诉；对税务机关在调查期间要求提交的文件、记录等进行申诉；对自行估税调查后做出的调整意见进行申诉；对发现评估中与相关情况不符的结果进行申诉；对发现评估进行申诉。

6. 申诉程序

一般说来，申诉应在税务机关做出相关决定30日内以书面形式提交。对于有争议的自行估税和发现评估，纳税人可以在等待申诉结果时申请缓缴其全部或部分税款，具体如下所述。

缓缴税款申请需经税务机关同意。税务机关未同意的缓缴税款申请，可以提交至诉讼官员。对于有争议的评估中需按期支付的税款，应于纳税期限前正常支付。如果诉讼结果有利于纳税人，多缴税款将予以返还。大多数的申诉通过税务机关和纳税人之间非正式探讨的方式来解决，最后就应纳税额达成一致。若以此种方式仍无法解决，申诉可以提交至诉讼官员。诉讼官员有两类，即一般官员和特别官员。

一般官员由大法官任命，负责听取地方的诉讼案件。他们一般没有正式的税务监管资格，类似地方法官，兼职无薪。他们的助手是来自地方的律师或会计师，其薪金由税务机关支付。一般官员处理的案件多为简单直接的案件。

特别官员同样由大法官任命，类似巡回法官，负责巡视和听取全国范围内复杂的涉税案件。他们是全职带薪的税务专家，应具备10年以上的执法资格。

诉讼官员可以确定、减少或者增加有争议的评估，且他们的结论是最终结果。但无论是税务机关还是纳税人，都可以对这些结论中的法律观点表示不满意和进一步上诉。上诉顺序是首先上诉至高级法院，然后上诉至法院，最后上诉至上议院。

申诉到诉讼官员这个层级所需费用通常不高，各方负担各自的费用，且诉讼官员正常情况下不能要求败诉方向胜诉方支付费用(如果特别官员认为纳税人的行为完全不合理，他们也可能会这样做)。上诉至高级法院及以上则需相当高的费用，败诉的纳税人会被要求支付税务机关的辩护费用和自己的相关费用。

9.3.2 中国税收管理简介

1. 制度管理

在坚持公有制和按劳分配为主体，其他经济成分和分配方式并行的社会主义市场经济体制下，建立和完善社会主义税收体系，健全税收法制和各项管理制度，强化税收组织收入和宏观调控功能，逐步理顺国家、企业和个人之间的分配关系。同时制定和贯彻执行税收管理体制，正确处理中央与地方税收管理的权限，充分调动中央和各级地方政府管理税收的积极性。

2. 核算和监督

税务管理担负税收核算和监督的任务，是税收工作实现科学管理的重要工具。通过计划、会计、统计管理，分析预测税源和税收的发展趋势，为组织收入工作提出明确目标，促进税务管理，增强预见性，减少盲目性，调动各级税务机关和全体税务干部的积极性。

3. 征收管理

征收管理包括税收的宣传、征收、管理、检查等环节。科学严密的征收管理，是税务管理的中心环节。征收管理包括：通过大量的日常征收管理工作，贯彻执行国家税收政策法令；有效地集中分散在各个方面、各个环节的税收，及时足额地纳入国库；发挥税收调节生产、调节分配、调节消费的职能作用；帮助企业加强经济核算，提高经济效益，从而促产增收。

4. 干部管理机构

健全税务专业管理机构，完善税务机构、干部管理体制，培养和造就一支政治、业务素质高的税务干部队伍，这是加强税务管理的组织保证。税务机构分散点多、面广，税务干部经常同钱财打交道，手中握有一定权力，又往往是独立进行工作，因此，加强税务机关的思想政治工作和廉政建设至关重要。

第10章 资本利得税

£ 10.1 相关税制

英国的资本利得税是具有英国特色的税种，原则上，资产所有形式的转让所得都需要缴纳资本利得税。销售所得扣除成本及在资产转让过程中所发生的支出，剩余部分就是资本利得。应税财产具体包括固定资产、股票、外币、债务、珠宝古物、土地和建筑物等。

10.1.1 相关概念

1. 豁免资产

该类财产在交易过程中产生的资本利得不需要向英国税务及海关总署纳税。豁免资产包括适合私人使用的机动车、国民储蓄、投资证书、溢价债券、国库券、符合资格的公司债券(公司贷款股票，例如债券)、某些动产(有形动产)以及在个人储蓄账户中持有的投资等。其他由于资产买卖而发生的利得，则需要向英国税务及海关总署缴纳资本利得税。

2. 应税资本计算公式

应税资本计算公式为

总实收金额	X
减：处置费用	(X)
净收入	X
减：原始成本	(X)
后期改善成本	(X)
原始购买发生的其他费用	(X)
收益/亏损	$X/(X)$

注意：(1) 处置费用、原始购买发生的其他费用，指的是由于处置或购买某项资产而发生的费用。例如，法律费用，具体包括广告费、拍卖会、代理费等。

(2) 年度豁免是指每个人在每个纳税年度都享有的免税额度。例如，2015—2016年度豁免额为11 100英镑；如果不使用该额度，该年度豁免就会被浪费。

3. 资产亏损减免途径

资产亏损减免途径包括：本年度减免(annual exemption)，这类减免无法结转；前一年度结转的亏损，公式为

本纳税年度资产收益	X
减：本纳税年度资产亏损	(X)
本纳税年度净投资收益	X
减：上年度结转亏损	(X)
净资本收益	X
减：年度豁免	(X)
应税收益	X

10.1.2 处置方法

1. 股票和证券的利得税

(1) 股票利得征缴范畴。除部分股票和证券豁免支付资本利得税之外，其余股票和证券都需要支付利得税。

(2) 上市公司股票价值计算。分两种情况：如果出售给不相关的人，正常用收益来计算；如果将股票出售给相关人，也就是可能在公司任职的人，要按市场价格(market value，MV)来计算。具体计算时，采用平均法，公式为

$$单只股票市值=(当天汇牌最高价+当天汇牌最低价)/2$$

(3) 在计算股票利得收益时，如果涉及多只股票，其计算利得的方法需要考察股票的卖出顺序，一般按照下面的顺序进行：

① 当日买进(same day as the date of disposal)。

② 接下来的30天之内买进(within following 30 days)。

③ 剩下的股票池(share pool)按比例计算成本。

(4) 企业分红或重组后股票的处理办法有以下几种。

① 企业分红(bonus)。企业根据股民的持股数，按照一定比例给股民分红。这不需要股民承担任何费用。例如bonus issue of one for five，即每持有5股公司股票，公司再无偿提供1股分红。只有将股票售出才需要计算资本利得，因此，该部分的股票成本计算很重要。

② 企业增股(rights)。企业经过重组后，按照员工持有的原公司股份数量重新配置新股。这需要股民承担一定的费用。例如1 for 3 rights issue at 2.3 pounds per share，即每持有原公司3股股票，公司为持有人增股1股，但是这1股需要支付2.3英镑，只有将股票售出才需要计算资本利得。因此，该部分的股票成本计算也很重要。

③ 企业重组后的部分兑现问题。企业经过重组后，新公司为原持股人分配新的股票，并实行部分兑现。涉及兑现问题，就要马上计算资本利得。计算资本利得时，出售价即现金面值，成本计算公式为

$$\frac{\text{收到的现金(cash received)}}{\text{收到的现金(cash received)}+\text{新股票的市场价格(MV of new shares)}} \times \frac{\text{原股票成本}}{\text{(cost of original shares)}}$$

2. 个人可减免的资本利得税

(1) 主要居所利得减免(pricipal private residence relief，PPR relief)。如果个体将其主要居所售出，获取资本利得，根据情况可以获取税金减免。计算难度在于需要明确个体在这个主要私人居所(main private residence)中的居住时长，这个时长既包括真实居住(actual occupation)时间，也包括法律认定居住(deemed occupation)时间，法律认定的情况有如下几种。

① 售出房产的最后18个月(last 18 months)。

② 不计原因的3年空置(3 years for any reason)。

③ 由于海外工作而导致的无法居住时长(any period for work overseas)。

④ 在英国其他地方工作而导致无法居住，时长最多4年(4 years for work elsewhere in UK)。

不论是真实居住(actual occupation)，还是法律认定居住(deemed occupation)，这期间的资本利得都可以减免，具体计算公式为

$$\frac{\text{居住时长(period of occupation)}}{\text{拥有时长(total period of ownership)}} \times \text{售出房产所得利润} = \text{PPR relief}$$

(2) 主要居所租金利得减免(letting relief)。在申请租金利得减免时，需比较3个数值，最终可减免最小值。以下为这3个数值的来源。

① 固定数值40 000。

② 主要私人居所由于居住所获取的减免数额，即PPR relief的数值。

③ 由于出租房产所获收益(gain on letting)。

(3) 企业家减免(entrepreneurship relief)。企业家减免并非部分财产不需要缴税，而是就部分资产利得可以征收较低的税率(10%)。对于部分财产的界定也相对模糊，只要是商务原因发生的资产出售，前1000万英镑资本利得都可以按照10%的税率支付资本利得税。

(4) 滚转冲抵减免(rollover relief)。对于一些商业用途的资产处置和重新购买，不需要对处置旧资产所获资本利得进行纳税，可以滚转到新购置的资产成本中。但要想获取滚转冲抵，需要符合以下条件。

① 资产服务于生产。

② 旧资产处置后，新资产的购入需要在4年内，即未处置旧资产的1年前和处置旧资产之后的3年内；

③ 新购入的资产售价要超过旧资产的处置价格。

(5) 关于递耗财产(depreciating assets)的延期减免(holdover relief)。

如果发生处置行为，也就是资产不再用于贸易目的，所获资本利得无须马上应税，可以将这部分利得"冻住"(frozen)，待到后期"解冻"再应税。

ⓛ10.2 案例分析

📖 例10-1 计算收益

安吉丽娜购买了一块土地，花费21 000英镑，购买时支付的法律费为250英镑。后来，安吉丽娜花了2000英镑在土地上安装排水管道，提高了土地价值。2016年12月12日，安吉丽娜以36 000英镑的价格出售了这块地，她在出售过程中承担了700英镑的地产代理费和500英镑的律师费。

计算安吉丽娜的资本利得。

❖ 例10-1答案

	£
销售收入	36 000
减：处置成本(700+500)	(1200)
	34 800
减：购置费用(21 000+250)	(21 250)
改善费用	(2000)
应税利得	11 550

📓 例10-2 夫妻内部转移

百德是一位税率较高的纳税人，每年在处置投资时都能获得至少20 000英镑的收入。他的妻子玛格丽特每年的应税收入为2130英镑，没有应税资产。2012年，百德以150 000英镑的价格买下了一块地皮。2015年5月10日，他把这块地皮转给了妻子玛格丽特，该地皮不符合企业家减免的条件。

计算百德和玛格丽特的所有应税收益。

如果该地皮由玛格丽特处置，销售收入为190 000英镑，而不是由百德在2016年8月对该地皮进行处置，计算百德和玛格丽特之间的转让所产生的税收节约。

❖ 例10-2答案

2015年5月，百德将地皮转给玛格丽特属于夫妻之间的处置，基本原则是没有收益也没有损失(no gain，no loss)。百德没有可支付的收益，玛格丽特获得该地皮的成本是百德购买该地皮的原始成本。

玛格丽特在2016年8月的销售收入：

	£
销售收入	190 000
减：成本	(150 000)
收入	40 000

如果百德在2016年8月处置该地皮，整个收益将被征收20%的税。

由于玛格丽特没有其他资本利得，而百德还有其他20 000英镑的资本利得，其可以使用年度资本利得减免11 100英镑。由于玛格丽特个人收入少，可以部分采取基本税率，即玛格丽特可以保留(32 000-2130)=29 870的基本税率范围，她将在基本税率范围内按10%的税率纳税。如果百德处置该地皮，则应纳税率为20%。

因此应交税费节省：

	£
每年免税额11 100×20%	2220
基本税率(40 000-11 100)×(20-10)%	2890
玛格丽特代替百德处置该地皮的节税总额	5110

📓 例10-3 部分处置

史密斯先生拥有一片4公顷的土地，最初购买时花费了150 000英镑。2016年7月，他以90 000英镑的价格卖出了其中的1公顷，销售杂费为3000英镑。其余3公顷土地的市值估计为180 000英镑。

计算1公顷土地的资本利得。

❖ **例10-3答案**

1公顷土地的成本为90 000/(90 000+180 000)×150 000=50 000

	£
收入	90 000
减：处置成本	(3000)
销售净收入	87 000
减：成本(如上)	(50 000)
资本利得	37 000

📖 **例10-4　资产被毁**

贝拉以25 000英镑的价格购买了一笔资产，但该资产于2016年7月被毁。2017年1月，保险公司赔偿35 000英镑，贝拉花了30 500英镑购买了一项替代资产。

计算贝拉需缴纳的资本利得和新资产的基本成本(base cost)。

❖ **例10-4答案**

	£
收入	35 000
减：成本	(25 000)
收益	10 000
立即可予支付的收益(35 000-30 500)	(4500)
滚转冲抵	5500
新资产的基本成本(30 500-5500)	25 000

📖 **例10-5　资产损坏**

2016年5月，安妮以101 000英镑的价格购买了一处投资财产，两个半月后它被损坏了。2016年11月，安妮收到了20 000英镑的保险收入。之后，安妮总共花费了25 000英镑修复该财产。在恢复之前，该财产价值120 000英镑。

计算可以立即征缴税费的收益(如果有)，以及恢复财产的基本成本，假设安妮选择不进行部分处置。

❖ **例10-5答案**

由于收益用于恢复财产，安妮选择不进行部分处置，损坏财产的基本成本是(101 000-20 000+25 000)=106 000(英镑)

如果不进行选择，安妮收到的收益将在2016年11月进行部分处置。

	£
收入	20 000
减：成本101 000×20 000/(20 000+120 000)	(14 429)
收益	5571
损坏资产的基本成本(100 000-14 429+25 000)	110 571

如果这是安妮在纳税年度的唯一处置，则享受年度豁免金额。

📓 例10-6 主要私人住宅减免

艾先生在1990年4月1日以88 200英镑购买了一套房子，他一直住到1991年12月31日。随后，他在国外工作了2年，于1994年1月1日回到英国再次居住，一直住到2010年6月30日。艾先生退休后，搬出去和西班牙朋友们同住。2016年12月31日，这套房子以160 000英镑的价格出售。

计算艾先生由于本房产出售所产生的资本利得。

❖ 例10-6答案

	£
收入	160 000
减：成本	(88 200)
私人住宅豁免前收益	71 800
减：私人住宅豁免(261/309×71 800)	60 647
收益	11 153

豁免收益的计算过程

	总月	豁免月	课税
(1) 1990年4月—1991年12月(已占用)	21	21	0
(2) 1992年1月—1994年12月(出国务工)	24	24	0
(3) 1994年1月—2010年6月(已占用)	198	198	0
(4) 2010年7月—2014年6月(见下文)	48	0	48
(5) 2014年7月—2016年12月(最后18个月)	18	18	0
	309	261	48

2010年7月—2014年6月，由于在这之前和之后都没有实际居住情况，虽然有3年的无理由豁免，但是条件不满足，难以获取豁免，因此这一阶段需要计算收益，并就收益进行纳税。

📓 例10-7　租金减免

杨小姐于2001年3月31日以90 000英镑购房，并于2015年8月31日以350 000英镑的价格将其出售。2006年，这栋房子被重新装修，杨小姐开始住在顶层。2006年7月1日—2015年1月1日，杨小姐把该房子的60%出租给房客。2015年1月2日，杨小姐把整栋房子推向市场，但一直住在顶层，直到房子被卖掉为止。

计算杨小姐的应税资本利得。

❖ 例10-7答案

	£
收入	350 000
减：成本	(90 000)
私人住宅豁免前收益	260 000
减：私人住宅豁免(260 000×117.8/173)	(177 040)
减：租金减免：取以下3项最小值	5500

(1) 根据私人住宅豁免规则获得豁免的收益：177 040英镑

(2) 可归因于出租的收益：260 000×55.2/173=82 960(英镑)

(3) 40 000英镑(固定值)　　　　　　　　　　　　　　　　　(40 000)

收益　　　　　　　　　　　　　　　　　　　　　　　　　　42 960

私人住宅豁免的判断过程：

时期	摘要	总月	豁免月	应课税月
2001年4月1日—2006年6月30日	100%占用房子	63	63	0
2006年7月1日—2014年2月28日	40%占用，60%出租	92	36.8	55.2
2014年3月1日—2015年8月31日	最后18个月	18	18	0
		173	117.8	55.2

注意：杨小姐所占房屋的40%的收益全部被私人住宅豁免所覆盖，其余60%的房屋并非一直被杨小姐占用，因此，在这部分房屋收益中，凡涉及杨小姐实际(或被认为是)居住的时间，都应纳税。

即使杨小姐在出售房屋前居住所有楼层，她也不能以"因任何原因缺勤3年"为由申请免租，因为在这段时间里，有资格得到减免的只是房屋的一部分。但是，在最后18个月里，她可以对整栋房屋申请豁免，因为这一时期该房屋是其唯一居所。

📓 例10-8　企业家减免

苏尼在2017年1月出售股份，获得了9 300 000英镑的收益。这次处置股份符合企业家减免的条件，苏尼提出了减免申请。但是，苏尼在早些时候已经就1 000 000英镑的收益提出并获得了企业家减免，她还在2016—2017年度产生了一项不符合企业家减免的财产亏损20 000英镑。她在2016—2017的应税收入是200 000英镑。

计算苏尼在2016—2017年度应付的资本利得税。

❖ **例10-8答案**

	收益	资本利得税
	£	£
可获得企业家减免的财产		
(10 000 000-1 000 000)	9 000 000	
CGT×10% on 9 000 000		900 000
没有获得企业家减免的收益		
(9 300 000-9 000 000)	300 000	
减：结转亏损(最佳用途)	(20 000)	
净收益	280 000	
减：年度豁免金额	(11 100)	
资本利得	268 900	
CGT×20% on 268 900	53 780	
应付总额		953 780

注意：涉及企业家减免的项目时，首先，一定要判断该资产是否有资格申请企业家减免；其次，明确企业家减免总额度为10 000 000，若之前已经使用过相关额度，要注意减除。

📖 **例10-9 滚转冲抵**

佐于2006年8月收购了一家工厂，用于商业经营。2016年12月，他以71 000英镑的价格售出，获得了17 950英镑的收益。2017年6月，该公司以60 000英镑的价格收购了一家替代工厂。

计算新工厂的基本成本。

❖ **例10-9答案**

	£
收益	17 950
减：滚转冲抵	(6950)
应税所得：未再投资的数额(71 000-60 000)	11 000
新工厂的成本	60 000
减：滚转冲抵	(6950)
新工厂的基本成本	53 050

📔 例10-10　赠与减免

2016年5月6日，戴漫赠与他的儿子史蒂芬一家商店，成本40 000英镑，当时市值200 000英镑，双方申请赠与减免。史蒂芬继续在店内经营生意，但在2017年3月以195 000英镑的价格出售这家店。

计算两人的应课税收益。

❖ 例10-10答案

(1) 戴漫的收益

	£
收入(市场价值)	200 000
减：成本	(40 000)
收益	160 000
减：赠与减免	(160 000)
资本利得	0

(2) 史蒂芬的收益

	£
收入	195 000
减：成本(200 000-160 000)	(40 000)
收益	155 000

📔 例10-11　资本利得中，股票价值怎么计算

某股票的报价为100～120便士。该股票的市场价值是多少？

❖ 例10-11答案

$1/2×(100+120)=110$便士，该股票的市场价值是110便士。

📔 例10-12　关于股票出售时间的匹配问题

以下为琳娜购买某有限公司的股份详情。

1996年7月1日，购买1000股股票，花费2000英镑。

2001年4月11日，购买2500股股票，花费7500英镑。

2016年7月17日，购买500股股票，花费1680英镑。

2016年8月10日，购买500股股票，花费2000英镑。

2016年7月17日，琳娜以16 400英镑的价格出售了4000股股票。

计算琳娜的股票资本利得。

❖ **例10-12答案**

	£
第一步：处置同一天购置的股票。	
收入500/4000×16 400	2050
减：成本	(1680)
利润	370
第二步：处置在接下来30天内购买的股票。	£
收入500/4000×16 400	2050
减：成本	(2000)
收益	50
第三步：处置股票池中的股份，按比例进行。	£
收入3000/4000×16 400	12 300
减：成本(过程详见下面)	(8143)
收益	4157
净收益(50+4157+370)	4577

过程：

	股票数量	成本
		£
1996年7月1日收购	1000	2000
2001年4月11日收购	2500	7500
	3500	9500
2015年4月17日处置	(3000)	(8143)
股票池	500	1357

📓 **例10-13 增股计划**

巴蒂在某有限公司有以下交易：

1997年10月1日，花费15 000英镑购买10 000股股票。

2010年2月1日，某公司按照每股2.75英镑的价格给予每2股配1股的分红。

2015年10月14日，巴蒂卖出3000股股票，售出价为6000英镑。

计算巴蒂的资本利得。

❖ **例10-13答案**

股票池	数量	成本
		£
1997年10月1日购买股票	10 000	15 000
2010年2月1日配股(每2股配1股)	5000	13 750
	15 000	28 750

2015年10月14日卖出股票	(3000)	(5750)
结转	<u>12 000</u>	<u>23 000</u>
收益		

	£
收入	6000
减：成本	(5750)
收益	<u>250</u>

第11章 遗产税

£ 11.1 相关税制

遗产税以死者的遗产及生前的赠与行为作为课税对象，向遗产的继承人和受遗赠人征收相关税款。之所以对死者的遗产征收遗产税，基本依据在于，当死者死亡的那一时刻，其财产发生了转移，转移财产的价值相当于其财产的价值。财产转移行为必然是受遗赠人获得财产，而依据现代社会的法律规定，取得财产应当缴税。

理论上讲，遗产税如果征收得当，对于调节社会成员的财富分配、增加政府和社会公益事业的财力具有一定的意义。遗产税常和赠与税联系在一起设立和征收。为了吸引投资和资金流入，也有一些国家和地区故意不设立遗产税或者废除遗产税。

英国遗产税针对的是死者的遗产赠与以及死亡日期之前7年内的赠与，由遗产的继承者承担。继承者向税务机关申报和缴纳遗产税是遗产合法分割的前提。遗产税征收的范围包括房产、汽车、银行存款、收藏品和企业等有价值的东西。英国居民在世界各地的所有资产都要缴纳遗产税，而非英籍人士只有在英国国内拥有的资产才需要缴纳遗产税。英国实行"总遗产税制"，即对遗产总额超过免税津贴的部分按统一税率(现为40%)征税。

遗产评估的基本原则是按被继承人死亡时其财产的公开价格评估。有些财产，如银行存款或房产及上市公司的股票是较容易估价的；而有些财产，如土地可能较难估价，则采取特殊的估价原则。如果一些财产难以精确估价，则应当提交一份临时申报书，随后在适当时候修订。

遗产税由遗产代理人在申请遗嘱认证或遗产管理证明书时缴纳。因此，遗嘱认证或遗嘱管理证明书只有在遗嘱代理人纳税后才会批准，除非被准许分期缴纳遗产税。遗嘱代理人的义务涉及确定继承者(或受遗赠人)之间如何分担遗产税，是遗嘱继承还是无遗嘱继承。在遗嘱继承的情形下，应当首先参照遗嘱，决定遗产税如何负担；如遗嘱未曾涉及财产或者死者死亡时未立遗嘱，遗产税应同其他遗嘱财产税负一样缴纳。

遗产税有两种征缴情境：在被继承人生命周期内的赠与行为，以及在被继承人死亡后的财产赠与行为。

在生命周期内的赠与行为是一种潜在豁免的赠与(potential exempt tax，PET)，它是发生在个人对个人之间的财产赠与。这种在赠与人生命周期内的赠与行为不受遗产税制约。但是在赠与发生7年内死亡的，则受遗赠人需要就当时的赠与行为缴纳遗产税，因此这是一种潜在的缴纳税款方式。

在生命周期内向信托机构发生的赠与(chargabe life transfer，CLT)，需要在当时缴纳遗产税。如果7年内赠与人身故，受遗赠人也需要对这部分赠与再计征一次遗产税。

除以上提到的人与人之间的赠与有可能不被计征遗产税，还有一些情况也可以豁免遗产税，包括：一是年度豁免，即每个纳税年度有3000英镑的赠与豁免(annual exemption)。这类豁免可以最多沿用一年，即每个纳税年度最多可获得6000英镑的年度豁免。二是婚姻豁免。赠与新婚夫妇的礼物可以获得豁免，但是身份不同，豁免额度有别。双方新人父母的免税赠与限额是5000英镑；双方新人的祖父母免税赠与限额是2500英镑；对其他人而言，最高豁免额度是1000英镑。三是小礼物豁免。在纳税年度每个受赠人得到不超过250英镑的赠品可享免税。但是，如果超过这一限制，则将失去所有豁免，或者就超过部分赠与额征缴遗产税，或者就所有赠与额征缴遗产税。

£11.2 案例分析

📓 例11-1 年度豁免

2015年4月6日，尼克没有未使用的年度豁免。

2015年8月1日，尼克将600英镑赠与他的儿子保罗。

2015年9月1日，尼克赠与了侄子昆2000英镑。

2016年7月1日，尼克将3300英镑转入孙辈的信托基金。

2017年6月1日，尼克把4000英镑转给了他的朋友劳。

说明尼克年度豁免的使用情况。

❖ **例11-1答案**

	£
2015—2016年度	
2015年8月1日赠与保罗	600
减：2015—2016年度减免	(600)
	0
2015年9月1日赠与昆	2000
减：2015—2016年度减免	(2000)
	0

未使用的年度豁免结转：3000-600-2000=400

	£	£
2016—2017年度		
2016年7月1日转入信托		3300
减：2016—2017年度减免	3000	
2015—2016结转的年度减免	300	
		(3300)
		0

未使用的年度结转豁免为零，因为2016—2017年度豁免必须在2015—2016年度豁免结转之前使用。2015—2016年度豁免的100英镑余额已经丧失，因为它不能结转1年以上。

	£
2017—2018年度	
2016年6月1日赠与劳	4000
减：2017—2018年度减免	(3000)
	1000

📖 例11-2 豁免

2012年10月17日，范尼的儿子结婚，范尼赠与儿子154 000英镑的礼物。

2016年1月1日，范尼赠与配偶110 000英镑。

2016年5月11日，范尼赠与女儿70 000英镑。

范尼向孙子、孙女赠送了生日礼物和圣诞节礼物。

说明范尼可获得哪些豁免。

❖ 例11-2答案

	£
2012年10月17日	
范尼赠与儿子	154 000
减：婚姻赠与减免	(5000)
2012—2013年度减免	(3000)
2011—2012结转的年度减免	(3000)
潜在豁免赠与	143 000
2016年1月1日	£
范尼赠与配偶	110 000
减：配偶豁免	(110 000)
	0
2016年5月11日	£
范尼赠与女儿	70 000
减：2016—2017年度减免	(3000)
2015—2016结转的年度减免	(3000)
潜在豁免赠与	64 000

范尼赠送孙辈的礼物包括在小礼物豁免范围内。

📓 例11-3 受赠人缴纳遗产税

弗兰克在2016年7月10日向信托公司转入336 000英镑，受托人同意纳税。试计算在以下几种情况下，弗兰克应缴纳的遗产税。

(1) 2008年8月，发生价值200 000英镑的应课税赠与。

(2) 2009年8月，发生价值100 000英镑的应课税赠与。

(3) 2009年8月，发生价值360 000英镑的应课税赠与。

❖ 例11-3答案

(1) 步骤一：根据时间判断，在2016年7月10日之前的7年内没有发生终身转账(2008年7月10日以后的转让)。零税率区间的325 000英镑可全额使用。

步骤二：豁免后的生前赠与值是336 000-3000(2016—2017年度减免)-3000(2015—2016年度减免)=330 000(英镑)

步骤三：遗产税

	£
325 000×0%	0
5000×20%	1000
330 000	1000

(2) 步骤一：在2016年7月10日之前的7年内(2008年7月10日以后)，发生价值100 000英镑的终身转移。零税率区间的可用额度为(325 000-100 000)=225 000(英镑)。

步骤二：豁免后的生前赠与值为330 000英镑。

步骤三：遗产税

	£
225 000×0%	0
105 000×20%	21 000
330 000	21 000

(3) 步骤一：2016年7月10日之前的7年内(2008年7月10日以后)，发生价值360 000英镑的终身转移。没有零税率区间可用。

步骤二：豁免后的生前赠与价值为330 000英镑。

步骤三：遗产税

	£
330 000×20%	66 000

例11-4　对生前赠与征收终身税和死亡税

2013年2月1日，弗雷达赠与儿子346 000英镑。这是弗雷达第一次赠与。

2016年10月10日，弗雷达将375 000英镑转入信托基金。受托人支付了遗产税。

2017年1月11日，弗雷达去世。

计算：

(1) 受托人在2016年应缴的税款。

(2) 2013年发生的生前赠与应缴的死亡遗产税。

(3) 2016年发生的生前转移应缴的死亡遗产税。

❖ 例11-4答案

(1) 生命周期区间遗产税——2016年转入信托基金

第一步：在2016年10月10日之前的7年内，弗雷达向儿子赠与一次。因为向个人赠与符合潜在豁免标准，所以此次赠予在弗雷达有生之年是免税的。零税率区间的325 000英镑可全额使用。

第二步：生前赠与 375 000-3000 (2016—2017年度减免)-3000(2015—2016年度减免)=369 000(英镑)

第三步

	遗产税
	£
325 000×0%	0
44 000×20%	8800
369 000	8800

(2) 遗产税——2013年的潜在豁免赠与应课税

第一步：在2012年2月1日之前的7年内没有发生任何赠与(2006年2月1日之后的转移)，零税率区间是325 000英镑。

第二步：潜在豁免赠与346 000-3000 (2012—2013年度减免)-3000 (2011—2012年度减免)=340 000(英镑)。

第三步：死亡3年以上但不足4年的递减减税(taper relief)。

	£
遗产税	6000
减去递减减税×20%	(1200)
应缴遗产税	4800

(3) 遗产税——对2016年生前赠与追缴遗产税

第一步：在2016年10月10日之前的7年内(2009年10月10日以后转让)，赠与价值为340 000英镑。请注意，由于潜在豁免赠与在死亡时应课税，其价值包括在生前赠与的遗产税中。没有零税率区间可使用。

第二步：生前赠与的价值为369 000英镑。

第三步：

	遗产税
369 000×40%	147 600

第四步：在死亡前3年内转移，所以没有层级减免。

第五步：到期应纳税款(147 600-8800)	138 800

📓 例11-5 死亡遗产税

杰玛于2016年8月1日死亡，留下了价值500 000英镑的财产。杰玛把100 000英镑留给了她的丈夫，剩下的遗产留给了她的儿子。此外杰玛于2015年9月11日向她妹妹赠送了172 000英镑的礼物。

计算与杰玛相关的死亡遗产税。

❖ 例11-5答案

由于杰玛死亡，对2015年9月的潜在豁免赠与征收死亡遗产税。杰玛留给丈夫的遗产不课税，但是留给儿子的遗产需要缴纳遗产税。

第一步：在2016年8月1日之前的7年内(2009年8月1日以后发生的赠与均需计算遗产税)，将172 000英镑减去3000英镑(2015—2016年度减免)，再减去3000英镑(2014—2015年度减免)=166 000(英镑)。(325 000-166 000)=159 000(英镑)。零税率区间可用。

第二步：死亡财产价值500 000英镑。

第三步：应课税财产为(500 000-100 000)=400 000(英镑)

第四步：

		遗产税
		£
159 000×0%		0
241 000×40%		96 400
400 000		96 400

📔 例11-6 零税率区间的使用

希拉里和艾米是夫妻，2008年8月19日，希拉里去世。希拉里生前没有赠与行为，她把240 000英镑的遗产留给了她的母亲。希拉里去世时的零率率额度为300 000英镑。2017年2月24日，艾米去世。他把560 000英镑的财产留给了他的哥哥。艾米生前没有赠与行为。计算与艾米相关的死亡遗产税。

❖ 例11-6答案

第一步：2017年2月24日之前的7年内没有发生赠与行为。艾米死后的零税率区间是325 000英镑。零税率范围会因为配偶没有使用完的零税率区间而增加。希拉里未用的零税率区间是：(300 000−240 000)=60 000，(60 000/300 000×100%)=20%。因此，调整后的未使用额度为325 000×20%=65 000(英镑)。因此，艾米死亡时最高可使用的零税率区间是(325 000+65 000)=390 000(英镑)，这也是他的遗产可用的零税率区间。

第二步：艾米的死亡遗产价值为560 000英镑。

		遗产税
		£
390 000×0%		0
170 000×40%		68 000
560 000		68 000

📔 例11-7 遗产税的缴付

2012年7月10日，骄将部分股份转入信托基金。2014年12月12日，她送给女儿一栋房子。2016年5月17日，骄去世，其死亡财产留给儿子。

针对每一项赠与，请说明谁有责任支付到期的遗产税，并说明截止日期。

❖ 例11-7答案

2012年7月10日，骄应缴的生前遗产税款(除非受托人同意纳税)，应于2013年4月30日之前缴纳。受托人应缴的死亡遗产税，应于2016年11月30日前缴纳。

2014年12月12日，骄送女儿房子，属于潜在豁免转让，不征收生前遗产税。后期因为骄去世，其女儿应缴纳该项受赠所产生的遗产税，应于2016年11月30日前缴纳。

2016年5月17日，骄的儿子继承了骄的死亡财产，他应该在2016年11月30日之前缴纳遗产税。

💷11.3 补充阅读

11.3.1 英国遗产税的特点

英国是世界上较早开征遗产税的国家之一。1796年，英格兰和威尔士开征遗产税，距今已经有两百多年的历史。总体来看，英国遗产税有如下特点。

1. 税制简单，征管高效

目前，英国采用的是总遗产税制，即被继承人死亡时对其遗留的所有遗产总额课征遗产税，其税负多少一般不考虑继承人和被继承人之间的亲属关系以及各继承人纳税能力的差异，纳税义务人是遗嘱执行人或遗产管理人。

总遗产税制的优点：仅对遗产总额一次性征收，税务机关可控制税源，降低了继承人为少交税款、减轻税负而偷税漏税的可能；税制简单，环节少，便于税务机关的高效征管，降低了征收成本。

其实，遗产税从最初实施开始就一直是英国政治场上的重要争议点。由于遗产税与死亡联系在一起，使其成为最不受欢迎的税种之一，甚至被称为"让人憎恨的税种"。有关政策规定，英国居民在全世界各地的所有资产都需要缴纳遗产税，而非英国籍人士只有在英国国内拥有的资产才需要缴纳遗产税。

遗产税的起征点一直在调整：1987年3月为71 000英镑，随后几乎每年都在调高，2016—2017年度遗产税的起征点为325 000英镑，夫妻两人继承的起征点为650 000英镑，税率为40%。如果继承人将所继承遗产的一部分(不能少于10%)捐赠给慈善机构，其遗产税的税率则降为36%。

遗产税要求在被继承人去世后的6个月内缴纳，如果逾期将要支付相关利息；如果遗产是房产，遗产税可以在10年内分期支付。另外，如果通过信托机构支付，根据不同情况，有不同的支付税款限期。

2. 房价高企，中产受累

遗产税在英国又称"富人税"，原本针对的是少数富有阶层，被视为缩小贫富差距、实现社会公平的一种手段，但现在这只"手"更多地伸进了中产阶级或普通家庭的腰包。由于经济复苏和政策刺激，英国的房地产市场迎来了春天。近年以来，英国房地产市场走势一路飘红，房价不断上升。很多英国中产阶级家庭当初购买房产的时候，价格并没有高到需要考虑遗产税的程度。随着房价走高，很多家庭光是房产价值就已经超过325 000英镑，越来越多的普通英国人尤其是中产阶级由此被拖进了遗产税纳税者的行列。因此，近年来，英国国内各方一直在呼吁政府对遗产税制进行改革，提高遗产税的免征额或者取消遗产税。为争取民心，工党和保守党都提出过遗产税改革计划。

根据英国国家统计局的数据，截至2013年4月的财政年，英国遗产税收达31亿英镑，高出前一财政年的29亿英镑。英国国家统计局认为，此税收的增加主要是因为房产价格的上升。

3. 冻结调整，信托避税

2018年初，英国财政大臣奥斯本宣布，在2019年之前，将不提高遗产税的起征点，一直维持现有水平，即个人325 000英镑、夫妻650 000英镑。他声称，此举是为了维持政府财政收入，缓解人口老龄化带来的养老金压力。

虽然遗产税波及的人群越来越广泛，但英国人也有不少避税高招，保卫自己的遗产不被税务部门白白拿走。较为常用的方式是信托。信托在西方国家的应用十分广泛，设立起来十分方便——人们可以在在世的时候设立，也可以写在遗嘱里。人们通常选择将自己的资产放到信托基金里，而不是在去世时直接把全部资产一次性地传给孩子，这样可以最大限度地少缴或者免缴遗产税。英国有很多专业公司和机构提供完整的信托服务，包括撰写遗嘱、设立信托以及信托管理等业务。他们有庞大的专业团队支持，团队中的专家来自法律、会计、税务、银行、保险等相关领域。

11.3.2 中国遗产税的相关知识

目前，我国没有遗产税的立法，不征遗产税。在我国，假如遗产是动产(现金、古董之类)，可直接继承；假如遗产是不动产(房子之类)，仅在房屋过户时征收过户所需费用，不再征收遗产税。

2013年2月5日，国务院批转了《关于深化收入分配制度改革的若干意见》，其中第四部分第十五条明确表示：研究在适当时期开征遗产税问题。受中国经济体制改革研究会委托，由北京师范大学中国收入分配研究院承担的《遗产税制度及其对我国收入分配改革的启示》课题举行中期成果发布会。研究称，我国已基本具备征收遗产税的条件，并建议将500万元作为遗产税起征点。国务院此前批转的《关于深化收入分配制度改革的若干意见》中曾要求，研究在适当时期开征遗产税问题。

第12章 公司税

⓹ 12.1 相关税制

英国公司税，也叫所得税(或称法人税)，是一种基于公司应缴税的收入或利润的税种。英国公司有义务告知税务及海关总署公司的存在并明确纳税责任。针对公司税而言，公司需要做如下几项工作：必须计算出自己的税务负担；必须在未由税务局估税的情况下缴纳税款，若在法定期限内(通常是一个会计期间结束后的12个月)未能缴纳税款，则需要缴纳相关罚款。公司税应在每个会计期间(通常是12个月)后缴纳，会计期间在某些情况下有可能短于12个月，但在任何情况下都不会长于12个月。

那么，什么是"会计期间"？一个会计期间通常是公司每个年度收支情况报告所要涵盖的时间区间，但是两个会计期间不需要完全一致。对于税务来讲，一个会计期间不会长于12个月。每一个缴纳公司税的公司，无论其是否拟定年度报告书，都有会计期间。公司有责任决定其会计期间的起始日期。

什么是应税利润？公司应税利润是指公司各种收入来源的总和，这些收入主要包括企业营业利润、租金、投资收入、存款利息和资本利得。

应税利润是根据公认的会计准则，经过某些法定调整后得到的。常见的调整有：①完全且仅为了实现业务目的而做出的开支可以扣除；②以折旧方式扣除的资本支出必须加回到账户的净损益值中，可以扣除的是法定的"投资抵减"；③某些特定支出(如专利权使用费)可以按照"已支付"的原则，从总利润中而不是从营业利润中扣除；④账户中的一般准备金、或有准备金以及未来损失准备金都必须加回到营业利润中，因为按税务规定只有特定的准备金才允许扣除；⑤知识产权资产发生的费用可根据公司会计账目的摊销原则进行抵扣，而销售利润则要作为收入(而不是资本利得)来征税。

1. 是否为国内常驻公司的判定

只要公司满足以下两个条件中的任意一个，都可以判定该公司属于英国公司，即要么在英国注册，要么在海外注册，但主要的管理机构设置在英国(例如董事会)。判定该公司为英国公司后，无论是国内还是国外的收入，都需缴纳英国公司税。

2. 公司的会计记账区间

公司税的计征时间范围叫税年(financial year，FY)。FY 2016表示从2016年4月1日—2017年3月31日(以3月31日为截止点)。例如：y/e 9.30.2016 的会计账簿需要区分两个税年，包括 FY2016 和 FY 2017。

3. 计算公式

$$\begin{array}{l} \qquad 营业收入 \\ 减： 资本免税额 \\ \qquad 贸易收入(应计项目) \\ \qquad 其他收入 \\ \qquad 投资收入(应计项目) \\ \qquad 财产收入(应计项目) \\ \qquad 杂项收入(应计项目) \\ \hline \qquad 应课税收益净额(收入) \\ \qquad 利润总额 \\ 减： 符合资格的慈善捐赠(支付) \\ \hline \qquad 应纳税总额 \\ 加： 投资收入 \\ \hline \qquad 财政年度增加利润 \end{array}$$

注意：

(1) 利润。交易利润与个税大体一致，只是其中私人用途部分要全算作公司费用。

(2) 利息。应收利息需要计入收入来源。计算公司税时，应将应付利息分为两类：第一类，如果是为了交易，这部分应付利息可当作费用扣除；第二类，如果不是为了交易，该部分利息收入在计算时需要调整出去，不能算作费用扣除。

(3) 物业收益。这指的是公司所持有的物业收入，其与个人持有物业收益基本类似。如果租金实行应计制，该项目收入的计税时间与实际取得该收入的时间无关；如果实行实计制，则这笔收益在什么时间获取就要在这个税年应税。

(4) 股票。公司股票出售的时间匹配规则：①看当天是否有买入；②看处置该股票的前9天是否有买入；③看是否按比例售出。

4. 公司应缴税款的计算方法

财政年度增加利润的计算公式为

财政年度增加利润(augument profit，AP)=应纳税总额(total taxable profit，TTP) +

总股息(franked individual income，FII)

计算出财政年度增加利润后，再根据相关税率计算公司税。

ⓕ 12.2 案例分析

📓 例12-1 会计期间

请确定下列公司的会计期间。

(1) 甲有限公司从事交易多年，以2016年9月30日为记账日，编制12个月的账册。

(2) 乙公司预定于2016年4月1日成立，2016年6月1日开始交易，2016年8月31日前完成第一次记账。

(3) 丙有限公司多年来一直在12月31日记账，截至2016年11月30日，有11个月的账目。

(4)丁公司多年来一直将每年的7月31日作为记账日。2016年，丁公司有一个截至2016年11月30日的账目。

❖ 例12-1答案

(1) 甲公司的会计区间是2015年10月1日—2016年9月30日。

(2) 乙公司的会计区间是2016年6月1日—2016年8月31日。

(3) 丙公司的会计区间是2016年1月1日—2016年11月30日。

(4) 丁公司的会计期间：第一个会计区间是2015年8月1日(前一个会计期间结束后立即结束)—2016年7月31日(开始后12个月)；第二个会计期间是2016年8月1日(紧接前一个会计期间之后)—2016年11月30日(账户期末)。

📓 例12-2 判断是否是英国公司

贾斯汀公司在法国注册，总部设在伦敦，董事会每月在伦敦举行会议，该公司在整个欧盟进行交易。

贾斯汀公司是英国公司吗？

❖ **例12-2答案**

贾斯汀公司是英国公司。因为贾斯汀公司的中央管理机构即董事会设在英国，由此判断该公司属于英国公司。

例12-3 交易利润和应纳税总利润

万宝路有限公司是一家英国常驻贸易公司。以下为该公司2017年3月31日呈报的年度损益表内容。

	£	£
毛利		701 500
其他收入		
贷款股票利息(附注1)		14 500
租金收入(附注2)		18 000
费用		
薪金	77 000	
折旧	37 900	
出售非流动资产	1400	
减值损失(所有的交易)	2800	
专业费用(附注3)	12 900	
修理和更新费用(附注4)	17 100	
其他费用(附注5)	25 600	
		(174 700)
财务费用		
贷款利息(附注6)		(12 000)
税前溢价		545 800

附注1：贷款股票利息

贷款股票利息涉及万宝路有限公司投资持有的贷款股票。14 500英镑是截至2017年3月31日收到和应计的数额。

附注2：租金收入

租金收入是以投资形式持有并向不相关公司出租仓库的收入。万宝路公司收到的租金为18 000英镑。

附注3：专业费用

	£
会计和审计费用	4600
债务/收取贸易债务	5000
与续期25年租约有关的法律费用	1300
与科长违法行为相关的法律费用	2000
	12 900

附注4：修理和更新费用

	£
工厂扩建	7988
重新粉刷公司办公室外部	9112

附注5：其他费用

	£
100支笔，印有公司广告，赠与顾客	20 600
符合资格的慈善捐款	5000

附注6：贷款利息

贷款利息与仓库有关，所列数额12 000为截至2017年3月31日的已付和应计数额。

此外，2016年4月1日，工厂和机械的核销价值为22 500英镑。

在截至2017年3月31日的年度会计区间内发生了下列交易。

	£
2016年6月10日，总厂采购。	20 200
2007年1月25日，售出一辆货车 (原成本17 000英镑)。	(11 500)
2007年3月15日，采购一辆汽车，二氧化碳排放量为128克/千米。	10 600

2017年3月15日，购买汽车由公司销售经理使用，其里程的30%用于私人旅行。

计算：(1) 万宝路有限公司截至2017年3月31日的年度交易利润是多少？从税前利润(546 800英镑)开始，列出损益表中的所有项目，用零表示不需要调整的项目。

(2) 万宝路有限公司在截至2017年3月31日的应纳税总利润是多少？

❖ 例12-3答案

(1) 万宝路有限公司截至2017年3月31日的交易利润

	£	£
税前	546 800	
加：		
工资 (贸易原因)	0	
折旧 (资本)	37 900	

出售非流动资产损失(资本损失)		1400
减值损失(贸易原因)		0
会计和审计费用		0
债务收取(贸易原因)		0
律师费——短期租约续期		0
法律费用——科长犯罪(非贸易原因)		2000
维修和延期:扩建(资本)		7988
修理和更新:重新粉刷		0
其他费用:钢笔 (>50,广告)		0
其他开支:符合资格的慈善捐款		5000
贷款利息(非交易贷款关系)		<u>12 000</u>
		66 288

扣除:

贷款股票利息(非交易贷款关系)		14 500
租金收入(物业业务收入)		18 000
折旧津贴(注1)		<u>24 088</u>
		(56 588)

按税务目的调整的利润	556 500

注1:折旧津贴

	AIA	主池	津贴
	£	£	£
原池中价值		22 500	
符合年度投资津贴的项目			
2016年6月10日,一般性购入资产	20 200		
年度投资津贴	(20 200)		20 200
2017年3月15日,购入汽车		10 600	
处置			
2017年1月25日,卖出一辆货车		(11 500)	
		21 600	
资产减值津贴×18%		(3888)	3888
池中价值		<u>17 712</u>	
津贴总额			<u>24 088</u>

注意:

雇员私人使用汽车与公司资产折旧无关。

(2) 利润总额

交易利润	556 500
非交易贷款关系信贷(贷款股票利息)	14 500
减去非交易贷款关系借方(仓库贷款)	(12 000)
	2500
物业业务收入	18 000
总利润	577 000
减去符合资格的慈善捐款	(5000)
应纳税总利润	572 000

例12-4 超过12个月的记账期

某有限公司编制了截至2017年9月30日的18个月账册,以下为其结果。

	£
营业收入(不要求资本免税额)	180 000
利息收益18×500	9000
资本收益(2017年8月1日处置)	250 000
减:符合资格的慈善捐款(2017年3月31日支付)	(60 000)
	379 000

根据上述账目,该会计年度的应纳税总利润是多少?

❖ 例12-4答案

18个月账户期间分为:

截至2017年3月31日的年度会计区间;

截至2017年9月30日的会计区间(6个月)。

以下为结果分配。

	2017年3月31日	2017年9月30日
	£	£
贸易收入12:6	120 000	60 000
利息收入12×500和6×500	6000	3000
资本收益(2017年8月1日)		250 000
利润总额	126 000	313 000
减:符合条件的慈善捐款(2017年3月31日)	(60 000)	
应纳税总利润	66 000	313 000

📓 **例12-5 滚转冲抵**

某有限公司于2000年4月以120 000英镑的价格收购了一家工厂(RPI=170.1)。在整个所有权期间,它都被用于贸易当中。2015年8月(假设RPI=258.4),该有限公司售出了该工厂,售价是220 000英镑。2015年11月,该公司以190 000英镑的价格又收购了另一家工厂。

计算出售第一家工厂的应课税收益和第二家工厂的基本成本。

附注:RPI(retail price index,商品零售价格指数)。

❖ **例12-5答案**

(1) 出售第一家工厂的应课税收益

	£
收入	220 000
低成本	(120 000)
非指数化增益	100 000
(258.4-170.1)/170.1=0.519	
0.519×120 000	(62 280)
指数化增益	
层级减免	(37 720)
	(7720)
应课税收益(220 000-190 000)	30 000
(2) 第二家工厂的基本成本	
第二家工厂收购成本	(190 000)
未再投资的数额	(7720)
基本成本	182 280

£12.3 **补充阅读**

12.3.1 英国公司税的征收

公司税的应税所得范围与个人所得税的六类应税所得相似。应税所得额是将公司在每一个会计期的应税利润总额(包括按不同类目计算的该期所得)加上资本收益,扣除允许减除的损失、费用和投资等计算得出的。国外来源所得不论是否汇回英国均应包括在总利润中，但国外子公司的所得需待利润实际分配以后，才能归属英国母公司。对求得的总利润净额，采用比例税率计征单一的公司税。税率每年会有调整，以当年公布为准。

12.3.2　中国企业所得税的征收

企业所得税法定扣除项目是据以确定企业所得税应纳税所得额的项目。《中华人民共和国企业所得税法实施条例》规定，企业应纳税所得额的确定，是企业的收入总额减去成本、费用、损失以及准予扣除项目的金额。成本是纳税人为生产、经营商品和提供劳务等所发生的各项直接耗费和各项间接费用。费用是指纳税人为生产经营商品和提供劳务等所发生的销售费用、管理费用和财务费用。损失是指纳税人生产经营过程中的各项营业外支出、经营亏损和投资损失等。除此以外，在计算企业应纳税所得额时，对纳税人的财务会计处理和税收规定不一致的，应按照税收规定予以调整。企业所得税法定扣除项目除成本、费用和损失外，还有一些需按税收规定进行纳税调整的扣除项目。

企业所得税减免是指国家运用税收经济杠杆，为鼓励和扶持企业或某些特殊行业的发展而采取的一项灵活调节措施。《中华人民共和国企业所得税法实施条例》原则规定了两项减免税优惠：一是民族区域自治地方的企业需要照顾和鼓励的，经省级人民政府批准，可以实行定期减税或免税；二是法律、行政法规和国务院有关规定给予减税免税的企业，依照规定执行。对税制改革以前的所得税优惠政策，属于政策性强、影响面大，有利于经济发展和维护社会安定的，经国务院同意，可以继续执行。

第13章 集团公司与海外公司

£13.1 相关税制

  在英国，公司税的纳税人一般指英国公司。英国公司指其中心控制与管理部门在英国的公司。董事会议所在地是确定其居所的基本标准，不管公司注册地与企业开展实际经营活动的地点在何处，居所在英国就是英国公司。英国公司要就其在全世界范围内的所得向英国纳税。不属于英国的公司(包括外国公司)，仅就英国源泉所得纳税，还应参考双方有关双重征税条约。但是一些在英国境内取得收入的非英国公司，其也需要缴纳公司税。公司包括按公司法及其他法令注册的实体(无论是有限的还是无限的)，也包括商业部批准的除单位信托公司及合伙企业以外的非公司组织。合伙企业成员占合伙企业利润的份额也应作为相应会计期应税利润总额的一部分缴纳公司税。

  英国境内的公司根据相关的公司税税率支付公司税。外国公司在英国的分支机构如果出售位于英国且用于分支机构或分支机构营业的资产，也应就该资产的应税利得缴纳英国公司税。

  对英国公司的国外源泉所得，均免于双重征税。对非英国公司通过分公司或代理商在英国营业取得的利润，应征公司税。源于英国的其他所得，除受双重征税条约保护外，按基本税率纳税。公司税还规定加速折旧，当纳税人将某些营业资产的销售收入再投资于另一资产时，允许对其资本利得延迟征税，从而鼓励贸易发展，促进地区经济平衡发展。

公司集团组建方式有以下3种。

1. 联营公司(associated company)

以下两种情况满足其一即可认定为联营公司：一方受另一方的控制(50%以上控股)；几家公司都由同一家公司控制。

注意：休眠公司、停产公司不计入公司集团，但公司是否是英国公司在判断联营问题上不做要求。

2. 可发生交易亏损转移的集团公司(75% loss relief group)

对于这个组群中的公司，可以不用考虑是否为英国公司。直接控制权在第一层需要达到75%及以上，在第二层也需要达到75%及以上。

注意：两公司在时间一致的前提下(截止日一致且时间长度一致)，集团内部可以进行亏损转移，即产生损失的成员公司有多少损失可以转移给盈利的成员公司，前提是盈利的成员公司要将其当期与之前的亏损减免完，而且可以减免的亏损只限本期亏损，任何结转的亏损，不允许转移给集团公司内部其他成员进行减免。

3. 资本收益集团公司(75% capital gains group)

这个组群中的公司可以不用考虑是否是英国公司，只要直接控制权在第一层达到75%及以上，在第二层达到50%及以上，就可以称之为资本收益集团公司。

注意：在该类集团内部的公司，其资产转移是不计盈利和亏损的，直到将资产出售给集团之外的公司，才需要计算公司税并纳税。

⓹13.2 案例分析

📑 例13-1 结转贸易的亏损减免

以下为甲有限公司截至2017年3月31日的3年业绩。

	2015年3月31日	2016年3月31日	2017年3月31日
	£	£	£
交易利润/(亏损)	(8550)	3000	6000
物业收入	0	1000	1000
合格的慈善捐款	400	1500	1800

计算3年的应课税利润总额，显示可于2017年4月1日结转的亏损，以及符合资格的慈善捐款未获宽减的金额。

❖ 例13-1答案

	截至2015年 3月31日	截至2016年 3月31日	截至2017年 3月31日
	£	£	£
交易利润	0	3000	6000
减结转损失减免		(3000)	(5550)
	0	0	450
物业收入	0	1000	1000
总利润	0	1000	1450
符合资格的慈善捐款	0	(1000)	(1450)
应纳税利润总额	0	0	0
未获豁免的符合资格的慈善捐款	400	500	350

注意：结转的交易损失将从未来几年的交易利润中扣除，不能从财产收入中扣除。

损失备忘录	£
截至2015年3月31日的损失	8550
截至2016年3月31日的亏损减免	(3000)
截至2017年4月1日的结转亏损	5550
截至2017年3月31日的亏损减免	(5550)
亏损结转至2017年4月1日	0

📔 **例13-2　总利润的亏损减免**

以下为丁有限公司的收益或亏损情况。

	截至2015年11月30日	截至2016年11月30日
	£	£
交易利润/(亏损)	22 500	(19 500)
收到银行利息	500	500
应课税利得	0	4000
符合资格的慈善捐款	300	350

计算2015—2016年度受影响的应纳税利润总额，假设从利润总额中扣除的损失得到了补偿，并显示所有符合资格的慈善捐款。

❖ 例13-2答案

	截至2015年11月30日	截至2016年11月30日
	£	£
交易利润	22 500	0
投资收益	500	500
应课税利得	0	4000
总利润	23 000	4500

扣除本期亏损减免	<u>0</u>	(4500)
	23 000	0
减回拨损失宽减	<u>(15 000)</u>	<u>(0)</u>
	8000	0
符合资格的慈善捐款	<u>(300)</u>	<u>0</u>
应税利润总额	7700	0
未获豁免的慈善捐款		350
亏损备忘录		£
截至2016年11月30日发生的损失		19 500
较少使用：截至2016年11月30日		(4500)
截至2015年11月30日		(15 000)
可结转损失为		0

📓 例13-3 亏损的结转

以下为辣椒公司的交易利润或亏损结果。

	2015年11月30日	2016年11月30日	2017年11月30日
	£	£	£
交易利润/(亏损)	21 000	(20 000)	40 000
银行收到利息	1000	1500	500
应课税利得	0	2000	0
符合资格的慈善捐款	800	100	400

辣椒公司于2014年12月1日结转交易亏损16 000英镑。

计算所有受影响年份的应课税贸易利润，假设可从总利润中扣除损失以减轻损失。显示符合资格的慈善捐款，以及未能获豁免的金额。

❖ 例13-3答案

	截至2015年 11月30日	2016年 11月30日	2017年 11月30日
	£	£	£
交易利润	21 000	0	4000
减结转损失减免	<u>(16 000)</u>	0	<u>(10 500)</u>
	5000	0	29 500
利息收入应课税利得	<u>0</u>	2000	<u>0</u>
总利润	6000	3500	30 000
减去本期损失减免	0	(3500)	<u>0</u>
	6000	0	30 000

减去携带损失救济	(6000)	0	0
	0	0	30 000
不符合资格的慈善捐款	0	0	(400)
应纳税利润总额	0	0	29 600
未获豁免的符合资格的慈善捐款	800	100	

损失备忘录(1)	£
亏损提前至2014年12月1日	16000
更少使用：截至2015年11月30日	(16 000)
	0

损失备忘录(2)	£
截至2016年11月30日发生的损失	20 000
较少使用：截至2016年11月30日	(3500)
截至2015年11月30日	(6000)
	10500
较少使用：截至2017年11月30日	(10 500)
结转亏损	0

例13-4　集团减免

某公司有一个控股75%的子公司，以下为其截至2017年3月31日的年度业绩。

	母公司	子公司
	£	£
交易(亏损)	(4000)	(20 800)
2016年4月1日结转交易亏损	0	(5000)
非贸易贷款关系收入	10 000	2900
收费增益	15 000	0
符合资格的慈善捐款	(2000)	(3200)

计算子公司能向母公司提出的最大减免额。

❖ **例13-4答案**

子公司在集团救济下可按以下方式退赔损失：

	£
本年交易亏损	20 800
不符合资格的慈善捐款(3200-2900)	300
可用于集体救济的总损失额	21 100

	£
母公司应税利润总额	
非贸易贷款关系收入	10 000
收费获得	<u>15 000</u>
	25 000
本年亏损减少	<u>(4000)</u>
	21 000
符合资格的慈善捐款	<u>(2000)</u>
可得应税利润	<u>19 000</u>
子公司可向母公司申请的最高集团宽免金额	<u>19 000</u>

📓 例13-5 相应的会计期间

汉达森与高乐高是集团公司。

	£
汉达森有限公司在截至2016年9月30日的年度发生交易亏损	(150 000)
高乐高有限公司的应课税利润总额:	
截至2015年12月31日的年度预算	300 000
截至2016年12月31日	150 000

计算汉达森有限公司可向高乐高有限公司索偿的最高集团宽免金额。

❖ 例13-5答案

汉达森有限公司可申请的集团赔偿如下所述。

以下两数中取较小的:

	£
截至2015年12月31日的年度应纳税利润总额与之对应	
会计期间(2015年10月1日—2015年12月31日)(300 000×3/12)	75 000
对应会计期间的亏损(150 000×3/12)	37 500

截至2015年12月31日,汉达森有限公司基于应课税利润总额可申请37 500英镑的集团宽免。

	£
截至2016年12月31日的年度应纳税利润总额与之对应	
会计期间(2015年1月1日—2015年9月30日)(150 000×3/12)	37 500
对应会计期间亏损(150000×9/12)	112 500

截至2016年12月31日,汉达森有限公司基于应课税利润总额可申请37 500英镑的集团宽免。

第 14 章

公司税务管理

£ 14.1 相关税制

在英国注册公司之后，若公司有任何应缴税的收入或利润，必须告知税务及海关总署该公司的存在并承担纳税责任，缴纳税款必须根据规定在会计期结束后的12个月内完成。若未能做到，公司会被处以罚款。

考虑到上市公司与非上市公司、大中型企业与小型企业，以及一般企业与特殊行业企业的会计要求有所不同，为了减轻非大型企业的负担，英国税法对不同企业的缴税截止日期和逾期后果做出了不同的规定。

14.1.1 非大型公司

公司必须缴纳公司税，对于长期纳税账户，可以在每一个应课税的会计期间后9个月零一天缴纳税款。所有非大型公司都必须在网上提交纳税申报表并以电子支付的方式缴纳公司所得税。如果不能在规定的时间内完成，将被处以罚款。

罚款金额：逾期1～3个月，罚款100英镑；逾期3～6个月，罚款200英镑；逾期6～12个月，罚款应纳税总额的10%；逾期超过12个月，罚款应纳税总额的20%。

14.2.1 大型公司

大公司指的是利润高于阈值(1 500 000英镑)的公司。大公司缴税实行季度分期付款的方式。分期付款是指以本年度预计盈利为基础，分4个季度将该年度税款缴清。分期付款将在会计期间开始后的第7、10、13、16个月进行，付款日定于每月的14日。

ⓔ14.2 案例分析

📖 例14-1 利润

齐亮公司在截至2016年3月31日的财年取得了以下业绩。

	£
应纳税利润总额	1 152 000
2015年5月1日收到40%子公司的股息	250 200
2015年8月1日收到90%子公司的股息	340 200

齐亮公司是一家大公司，它的应纳税利润是多少?

❖ 例14-1答案

	£
应纳税利润总额	1 152 000
来自40%子公司的股息收益(计算毛值：250 200×100/90)	278 000
应纳税利润	<u>1 430 000</u>

注意：

90%子公司的股息不计入股息收益，因为这是来自齐亮控股51%以上的子公司的股息。

📖 例14-2 控制权超过51%的集团公司

新威有限公司备存账目至每年的3月31日。截至2015年3月31日，新威有限公司拥有胜利有限公司、特跑有限公司和斑马有限公司3家全资子公司，持有上超有限公司46%的普通股。特跑有限公司在截至2016年3月31日的年度内没有开展任何贸易或业务。斑马有限公司并非英国居民公司。新威有限公司于2016年7月1日收购特斯有限公司75%的普通股。

计算新威有限公司在截至2017年3月31日的利润额。

❖ 例14-2答案

胜利有限公司和斑马有限公司(与居住地无关)是与新威有限公司相关的控股超过51%的集团公司，所以新威有3个相关的控股超过51%的集团内部公司。

特跑有限公司并非新威控股超过51%的集团内部公司，因为它没有任何贸易和业务，也就是处于休眠状态。

上超有限公司不是新威有限公司直接或间接控股超过51%的子公司。

特斯有限公司在上一个会计期末并不是集团内部公司，因此在截至2017年3月31日的会计年度中，它并不会降低新威有限公司的利润门槛。

因此，新威有限公司在截至2017年3月31日的利润阈值为1 500 000/3=500 000(英镑)。

📔 例14-3 关于日期

东丽有限公司是一家大型公司，其会计周期为12个月，在截至2016年12月31日的会计周期内，东丽有限公司的季度缴税到期日分别是哪一天？

❖ 例14-3—答案

2016年7月14日，2016年10月14日，2017年1月14日和2017年4月14日。

📔 例14-4 分期付款

北里有限公司是一家大公司，在截至2017年3月31日的会计年度，其公司税为444 000英镑。

北里有限公司应于何时缴纳公司税？

❖ 例14-4答案

到期日期	数量
	£
2016年10月14日	111 000
2017年1月14日	111 000
2017年4月14日	111 000
2017年7月14日	<u>111 000</u>
公司税总额	<u>444 000</u>

📔 例14-5 短期分期付款

凯翔股份有限公司是一家大公司，在截至2016年9月30日的8个月会计期间，该公司的公司税为888 000英镑。

凯翔公司应于何时缴纳公司税？

❖ 例14-5答案

888 000英镑必须分期付款。

每期付款金额为3×(888 000/8)=333 000(英镑)。

到期日及应付款项如下：

	£
2016年8月14日	333 000
2016年11月14日	333 000
2017年1月14日	222 000(剩余)

第15章 增值税

£ 15.1 相关税制

增值税(value added tax，VAT)，直译成中文就是价值增加税，简称增值税。在英国，该税种的前身是购买税(purchase tax)。1973年1月1日，英国加入欧洲经济共同体之后，将其正式更名为增值税。当时英国执政党是保守党，财政大臣制定了10%的税率。自2021年1月4日开始，英国增值税税率从17.5%增长到20%。增值税是英国和欧盟国家普遍使用的售后增值税，也指货物售价的利润税，即购物时要另加税，它是根据商品的价格而征收的。国家之所以有权征收增值税，一项根本原则是国家为这些价值的创造提供了条件，因此需要从中提取一部分收益，以便将来能够提供更好的条件。

关于增值税，需要注意以下几点：第一，只有本身注册了增值税的公司或者个人才有权向别人在自己所提供的货物或者服务的原价基础上加收增值税。因此，当别人向你加收增值税的时候，按照法律，你可以要求对方提供他们的增值税号码(即VAT number)。第二，只有注册了增值税的公司或者个人才可以要求税务及海关总署把自己付给别人的增值税返还自己。第三，注册了增值税的公司或者个人必须对自己所提供或者销售的产品和服务加收增值税，同时把别人付给自己的增值税上交给税务及海关总署。增值税实际上是由最终消费者来承担的，因为从理论上说，消费者是这些新创造出来的价值的最终受益人。

15.1.1 增值税的征收

在英国，应税人在其营业过程中对应税货物和服务的供应征收增值税。增值税的税率有4种：标准税率(standard rate)，20%；减税率(redced rate)，5%；零税税率(zero rate)，0；豁免(exempt)。不同类型的货物，其征收税率也不一样，大多数产品和服务征收20%的标准税率；对其中一些家庭用电或用油、儿童安全座椅等征收低税率；征收零税率的主要是一些日常食品、儿童书籍、服装和鞋类用品；可获得豁免增值税的服务包括殡葬服务、公共卫生服务、公益性教育服务以及一些特殊的可豁免的服务。

15.1.2　注册和注销的概念

1. 注册

在英国，注册增值税的会员有两种途径：强制注册(complusory registration)和自愿注册(voluntry registration)。其中，强制注册有以下两种办法。

(1) 历史测试(historic test)。当企业的营业额超过82 000英镑，需要强制注册成为增值税会员，企业需要在超过限额的当月月末后30天内通知英国税务及海关总署，生效期开始于下个月月初。

(2) 未来测试(future test)。当有证据显示在接下来的30天内，该企业营业额将超过限额82 000英镑，就需要在能够预测到未来情况的时间点向后数30天内通知税务及海关总署，生效期为这30天期始。

自愿注册往往是企业自主行为，虽然有些公司并没有实际证据显示其超过限额或将超过限额，但它也可以主动注册成为增值税会员。那么，成为增值税会员有什么好处呢？企业可以通过注册增值税会员，收回进项增值税；也可以规范公司业务以保持准确记录；还可以为企业赢得信誉。但注册增值税会员也有一些缺点。例如，增加企业的管理成本；如果企业服务的客户没有注册增值税，会在一定程度上降低企业的竞争优势，甚至阻碍企业发展。

注册成为增值税会员，注册前发生的费用可作为进项税，向税务及海关总署申请收回。这些费用包含：注册前4年购买的固定资产且注册后依然使用，以及注册前6个月内提供的服务。

2. 注销

如果发生以下情况，则需要注销(deregistration)增值税账号：企业停止提供应税物资，必须注销增值税账户；在下一年增值税应税年度，企业预测其营业额低于82 000英镑，也可以主动申请注销。

15.1.3　纳税申报表及罚款规定

纳税申报期限结束后的1个月零7天内，企业在线提交纳税申报表并以电子方式付款。例如，在2016年3月31日结束的增值税季度内，企业必须提交增值税申报表，并在2016年5月7日之前支付到期的增值税。

如果发现有违约现象，需要征收附加费。违约附加费需要比较以下两个数值大小，按照大数缴纳：30英镑；应缴税款的百分比。这个百分比是根据违约次数决定的，第一次违约，默认百分比为2%；第二次违约，默认百分比为5%；第三次违约，默认百分比为10%；第四次及后续违约，默认百分比都是15%。如果违约总额低于400英镑，不收取附加费。

英国税务及海关总署每发布一次附加费责任通知，都会将该公司的附加费期限延长至该通知的12个月后。英国税务及海关总署也考虑到会存在一些过失或计算错误，因此，当增值税申报表上的错误不超过以下两者中的较大者：10 000英镑或2.1%的营业额(营业额上限规定50 000英镑)，可在下次申报时更正。如果错误很大，就会被处以罚款，但是企业如果能够主动披露，将会减少罚款。不同情况下填错申报表需缴纳罚金的比重，如表15-1所示。

表15-1　不同情况下填错申报表需缴纳罚金的比重

不同情况	主动披露	被迫披露	始终不披露
粗心的	0	15%	30%
故意的	20%	35%	70%
蓄意隐瞒	30%	50%	100%

£ 15.2　案例分析

例15-1　增值税注册

艾瑞克于2016年1月1日开始做餐具贸易。前9个月的销售额(不包括增值税)为每月7600英镑，此后每月8000英镑。

艾瑞克应该从什么日期开始注册增值税？

❖ 例15-1答案

截至2016年10月31日的销售额	76 400
截至2016年11月30日的销售额	84 400
	(超过82 000英镑)

艾瑞克必须在2016年12月30日(注意：并非12月31日)之前通知税务及海关总署自身已注册成为增值税会员，并从2017年1月1日起注册生效。

📔 例15-2　税点

阳光出售的雕塑价值1000英镑，不含增值税。2016年4月25日，她收到了350英镑加上增值税的付款。雕塑于2016年5月28日交付。阳光的增值税返还期为2016年4月30日。她于2016年6月4日开具发票。

说明阳光的纳税点和到期金额。

❖ 例15-2答案

对于350英镑的存款和650英镑的应付余额，将产生一个单独的纳税点。阳光应按以下方式计算增值税。

(1) 押金。2016年4月25日：350×20%=70(英镑)。该项目在阳光2016年4月30日的增值税申报表中说明。费用产生于2016年4月25日，因为她在基本纳税点(即2016年5月28日)之前收到了付款。

(2) 余额。2016年6月4日：650×20%=130(英镑)。该项在阳光截至2016年7月31日的增值税申报表中说明。费用产生于2016年6月4日，因为发票是在2016年5月28日(交货日期，基本纳税点)后14天内开具的。

📔 例15-3　折扣

麦克卖家具。他于2017年3月10日以4000英镑的增值税向客户艾比提供标准税率的商品。但是发票显示，如果艾比在14天内付款，她有权享受10%的折扣。

在下列情况下，针对供应物缴纳的销项税应是多少？

(1) 艾比于2017年3月20日付款；

(2) 艾比于2017年3月30日付款。

❖ 例15-3答案

(1) 艾比于2017年3月20日付款(14天内)	£
满额	4000
减去：4000×10%	(400)
贴现金额	3600
增值税为3600的20%	720
(2) 艾比于2017年3月30日付款(超过14天)	£
满额	4000
增值税为4000的20%	800

📓 例15-4 燃油

安妮是某有限公司的员工。她在截至2016年8月31日的季度内使用了一辆二氧化碳排放量为176克/千米的汽车,使用期限为一个月;同时使用一辆二氧化碳排放量为208克/千米的汽车,使用期限为两个月。

该有限公司支付两辆车的所有汽油成本,无须安妮补偿燃料消耗。本季度的汽油总成本为350英镑(包括增值税)。该公司希望按照燃油表收费,因为私人里程的详细记录尚未保存。

上述增值税对该公司有哪些影响?

二氧化碳排放量(克/千米)	支付金额
175	333
205	416

❖ 例15-4答案

本季度增值税:	£
汽车1号 333×1/3	111
汽车2号 416×2/3	277
	388
销项税 1/6×388	65
进项税 1/6×350	58

📓 例15-5 大交易商

劳力有限公司有责任在截至2016年12月31日的季度内按260 000英镑的价格分期付款。

如果劳力有限公司本季度的增值税负债有以下两种情况,请说明申报结果。

(1) 680 000英镑;

(2) 480 000英镑。

❖ 例15-5答案

(1) 付款数额及日期

2016年11月30日支付260 000英镑。

2016年12月31日支付260 000英镑。

2017年1月31日支付160 000英镑(680 000-260 000-260 000),并提交季度增值税申报表。

(2) 付款/还款金额及日期

2016年11月30日支付260 000英镑。

2016年12月31日支付260 000英镑。

2017年1月31日,税务及海关总署还款40 000英镑(480 000-260 000-260 000),即在提交季度增值税申报表时,要求税务及海关总署返还多缴纳的40 000英镑。

> **例15-6　违约附加费**
>
> 　　艾伯特的年营业额约为300 000英镑。截至2013年12月31日，这一季度的增值税申报表艾伯特交迟了。然后，他提交了截至2014年9月30日和2015年3月31日的季度报表，并分别延迟支付了12 000英镑和500英镑的到期税款。截至2016年3月31日的增值税申报表艾伯特也交迟了，导致1100英镑的增值税延迟支付。除以上两项外，其他增值税申报和增值税支付都是按时完成的。
>
> 　　说明艾伯特的违约附加费敞口。

❖ **例15-6答案**

　　附加费责任通知将在2013年12月31日申报表延迟提交后发布，附加费期限延长至2014年12月31日。

　　艾伯特迟交的截至2014年9月30日的申报表在附加费期间，因此该期限延长至2015年9月30日。迟交的增值税将导致2%的罚款。12 000×2%=240(英镑)。由于240英镑低于400英镑的最低限额，税务及海关总署暂不收取。

　　艾伯特迟交的截至2015年3月31日的申报表处于附加费期间，因此该期间再一次被延长至2016年3月31日。逾期付款将导致5%的罚款。500×5%=25(英镑)。由于25英镑低于400英镑的最低限额，税务及海关总署暂不收取。

　　艾伯特迟交的截至2016年3月31日的申报表，同样处于附加费期间。因此，这一期限延长至2017年3月31日。逾期付款将导致10%的罚款，1100×10%=110(英镑)。这笔款项税务及海关总署是要收取的，因为400英镑的最低限额不适用于按10%(和15%)的税率计算的罚款。

　　艾伯特必须按时提交截至2017年3月31日的申报表并按时缴纳增值税，以"逃避"默认的附加费制度。

　　对于所有违约附加费而言，如果交易者能够证明退货或付款是合理的，可以忽略违约。如果交易者能够证明延迟提交申报表或付款是合理的，也可以忽略违约。

£15.3　补充阅读

15.3.1　英国增值税的补充说明

　　英国增值税的征收对象包括：在英国进行或促其进行经营活动的全部货物及劳务，

进口货物及特定的进入英国的劳务(不包括属于免税和非应税的货物或劳务)。对出口商品、食品、书籍等货物和建筑、运输、医疗等劳务采用零税率,对其他货物和劳务实行标准税率。税基是提供货物(或劳务)的价值,该价值通常指货物(或劳务)提供者就所提供的货物(或劳务)收取的全部现金报偿(如报偿为实物,则以其公开市场价计算)。

由于英国增值税税率有很多,确定税率时,判断某一商品和服务的用途非常重要。在英国,大部分儿童产品征收零税率,例如,婴幼儿衣服等。而且税务局特别强调,该类产品只能是特别为儿童设计,并且不能是动物皮毛制品。如果是皮毛制品,即便是专供儿童使用,也需要按照标准税率缴纳增值税。对于儿童足部用品,税务局也规定了具体的鞋码大小、尺寸标准以及测量方法。这些规定都是为了能够清晰地判断产品类别,从而判定增值税税率。

15.3.2 中国增值税简介

无论国内外,增值税都是以商品(或劳务)在流转过程中产生的增值额作为计税依据而征收的一种流转税。从计税原理来说,增值税是对商品生产、流通、劳务服务中多个环节的新增价值或商品的附加值征收的一种流转税。增值税实行价外税,也就是由消费者负担,有增值才征税,没增值不征税。

增值税是对销售货物或者提供加工、修理修配劳务以及进口货物的单位和个人就其实现的增值额征收的一个税种。增值税已经成为我国主要的税种之一,增值税的收入占我国全部税收的60%以上,是最大的税种。增值税由国家税务总局负责征收,税收收入中,50%为中央财政收入,50%为地方收入。进口环节的增值税由海关负责征收,税收收入全部为中央财政收入。

2017年4月28日,财政部和国家税务总局发布了《关于简并增值税税率有关政策的通知》,自2017年7月1日起,简并增值税税率结构,取消13%的增值税税率,并明确了适用11%税率的货物范围和抵扣进项税额规定。在实际情况下,商品新增价值或附加值在生产和流通过程中是很难准确计算的。因此,我国也采用国际上普遍采用的税款抵扣的办法,即根据商品(或劳务)的销售额,按规定的税率计算出销售税额,也就是销项税,然后扣除取得该商品或劳务时所支付的增值税款,也就是进项税,其差额就是增值部分应交的税额,这种计算方法体现了按增值因素计税的原则。

增值税征收通常涉及生产、流通或消费过程中的各个环节,是以增值额或价差为计税依据的中性税种,理论上包括农业各个产业领域(种植业、林业和畜牧业)、采矿业、制造业、建筑业、交通和商业服务业等,或者原材料采购、生产制造、批发、零售与消费各个环节。在我国,大部分的商品和劳务征收基准税率,但也有部分品类免征增值税,具体包括:①农业生产者销售的自产农业产品;②避孕药品和用具;③古旧图书;

④直接用于科学研究、科学实验和教学的进口仪器与设备；⑤外国政府、国际组织无偿提供的援助设备与仪器；⑥来料加工、来件装配和补偿贸易所需进口的设备；⑦由残疾人组织直接进口的残疾人专用物品；⑧销售自己使用过的物品。

参考文献

[1] BPP Learning Media. ACCA F6(UK Taxation)[M]. London: BPP Learning Media, 2016.

[2] Kaplan Publishing. ACCA F6 (UK Taxation)[M]. London: Kaplan Publishing, 2016.

[3] 国务院法制办公室. 中华人民共和国税法典·注释法典[M]. 3版. 北京：中国法制出版社，2016.

[4] 法宝网. 税法常识速查速用大全集：案例应用版[M]. 3版. 北京：中国法制出版社，2016.